KB104081

맹자를

읽다

맹자를
읽다

언 어 의 투 사 맹 자 를 공 부 하 는 법

양자오 지음 · 김결 옮김

유유   동양고전강의   6

서문:
동양고전 읽는 법

1

2007년부터 2011년까지 5년간, 저는 민룽 강당敏隆講堂에서 '중국 역사 다시 보기'重新認識中國歷史 강좌를 개설하고 13기에 걸쳐 130강을 강의했습니다. 신석기에서 신해혁명까지 중국 역사를 죽 훑는 이 통사 강좌는 전통적인 해설을 벗어나 신사학 혁명新史學革命● 이후 지난 100여 년간 중국 역사 연구의 새롭고 중요한 발견과 해석을 소개하는 데 역점을 두었습니다. '중국 역사 다시 보기'라는 제목도 그래서 달았지요.

'중국 고전을 읽다' 시리즈는 원래 이 통사 강좌에 이

●근대적인 방법론에 입각한 새로운 역사학

어지는 형식이어서 고전의 선별도 같은 취지로 역사적 관점에서 이루어졌습니다. 중국 역사를 다른 방식으로 한 번 더 강의하는 셈이지요.

저는 통사 강좌에서는 수천 년 중국 역사의 거대하고 유장한 흐름 가운데 제가 중요하다고 여기거나 소개할 만하며 함께 이야기할 만한 부분을 가려 뽑아 중국 역사를 보여 주려 했습니다. 반면 '중국 고전을 읽다'에서는 주관적인 선택과 판단을 줄여, 독자들이 직접 고전을 통해 중국 역사를 살피고 이해하게 되기를 바라고 있습니다.

오늘날의 일상 언어로 직접 수천 년 전 고전을 읽고 역사를 이해한다는 것은 매우 보기 드문 행운입니다. 현대 중국인은 2천여 년 전의 중국 문자를 번역 없이 읽을 수 있고, 정보의 대부분을 직관적으로 파악할 수 있으며, 조금만 더 시간을 들이면 보다 깊은 의미도 해석할 수 있습니다. 고대의 중국 문자와 오늘날 중국인이 일상에서 쓰는 문자 사이에는 분명하고도 강력한 연속성이 존재하지요. 현대 사회에서 통용되는 중국 문자의 기원은 대부분 거의 『시경』詩經

과 『상서』尙書 시대까지 거슬러 올라가며, 그중 일부는 갑골문甲骨文이나 금문金文의 시대까지 소급됩니다. 문법에서도 꽤 차이가 있고 문자의 뜻이 완전히 일치하지는 않지만, 고대 중국 문자의 사용 규칙은 오늘날 쓰이는 문자와 대비해 보면 매우 쉽게 유추됩니다.

이는 인류 문명에서 매우 특이한 현상으로 사실상 세계 역사에서 또 다른 사례를 찾아보기 어렵습니다. 기원전 3천 년부터 오늘날에 이르기까지, 같은 기호와 같은 의미로 결합된 하나의 문자 체계가 5천 년 동안이나 끊이지 않고 이어져, 오늘날 문자의 사용 규칙대로 몇천 년 전의 문헌을 직접 읽을 수 있다니 대단하지요.

이처럼 고대부터 간단없이 이어진 중국 문자의 전통은 문명의 기본 형태를 결정짓는 데 상당한 영향을 주었습니다. 비록 중국 사회가 역사를 통해 이에 상응하는 대가를 치르기는 했지만, 이 전통 덕분에 지금 이 시대의 중국인은 매우 희소가치가 높은 능력을 얻었습니다. 이런 능력을 잘 이해하고 사용하지 않을 이유가 없지요.

2

고전을 읽는 첫 번째 이유는 이런 것입니다. 중국 역사에는 가장 기본적인 자료들이 있습니다. 이 누적된 자료를 선택하고 해석하면서 역사의 다양한 서술 방식이 형성되었습니다. 중국 문자를 이해하고 그 역사에 관심이 있는 사람이라면 누구나 역사의 다양한 서술 방식을 접하고 나서 그 기본적인 자료들로 돌아갈 수 있습니다. 누구나 역사학자들이 어떻게 이 자료들을 멋지게 요리했는지 직접 살필 수 있고, 스스로 가장 기본적인 자료들을 들추며 서술의 옳고 그름을 따질 수 있는 것입니다.

우리는 『시경』이 어떤 책인지 소개하는 책을 읽고, 『시경』에서 뽑아낸 재료로 서주西周 사회의 모습을 재구성한 이야기를 듣기도 합니다. 그런데 이런 기초 위에서 『시경』을 읽으면 『시경』의 내용과 우리가 처음 상상한 것이 그다지 닮지 않았음을 알게 될지 모릅니다. 서주 사회에 대해 우리가 처음 품었던 인상과 『시경』이 보여 주는 실제 내용은 전혀 다를 수 있지요. 어쨌든 우리에게 무척 강렬한 독서의 즐거움을 안겨 줄 겁니다!

고전을 읽는 두 번째 이유는 그것이 현재와 다른 시공간에서 탄생했음에도, 인간의 보편적 경험과 감상을 반영한다는 데 있습니다. 오늘날에도 우리는 여전히 같은 인간이라는 입장에서 고전 속의 경험과 감상을 확인할 수 있고 느낄 수 있고 비교할 수 있습니다. 우리는 그 안에서 비슷한 경험과 감상을 발견하고, 시공간의 차이를 넘어 공감대를 형성할 수 있습니다. 그리고 다른 경험과 감상을 통해서는 우리 삶의 경험을 확장할 수도 있지요.

역사학 훈련에서 얻어진 습관과 편견으로 인해, 저는 고전을 읽을 때 오늘날 현실과는 전혀 다른 사실들이 던져 주는 지적 자극에 좀 더 흥미를 느낍니다. 역사는 우리에게 인류의 다양한 경험과 폭넓은 삶의 가능성을 보여 주고, 나아가 우리가 너무도 당연하게 여겼던 현실에 의문을 품고 도전하게 만들지요. 이 점이 바로 역사의 가장 근본적인 기능입니다. 또한 역사에 대한 학문이 존재하는 의의이자 다른 무엇과도 바꿀 수 없는 핵심 가치이기도 합니다.

3

중국 사회가 수천 년 동안 이어진 문자 전통 때문에 상응하는 대가를 치렀다는 사실은 앞서도 언급한 바 있습니다. 그중 하나는 이 연속성이 역사를 바라보는 중국의 전통 관점에 영향을 끼쳤다는 점입니다. 끊이지 않고 줄곧 이어진 문자 체계 때문에, 중국인은 조상이나 옛사람을 지극히 가깝게 여기고 친밀하게 느낍니다. 그래서 중국에서는 역사학이 과거에 발생한 어떤 사건을 연구하는 독립적인 학문이었던 적이 없습니다. 역사와 현실 사이의 명확한 경계가 인식되지 않고 떼려야 뗄 수 없는 연속체처럼 여겨지는 것이죠.

우리는 삶의 현실에서 도움을 얻고자 역사를 공부합니다. 그런 까닭에, 중국에서는 나중에 생겨난 관념과 사고가 끊임없이 역사 서술에 영향을 끼치고 역사적 판단에 스며들었습니다. 한 가지 심각한 문제는 이 전통 속에서 사람들이 늘 현실적인 고려에 따라, 현실이 필요로 하는 방식으로 역사를 다시 써 왔다는 사실입니다. 시간이 흐르면서 서로 다른 현실적 고려가 겹겹이 역사 위에 쌓여 왔지요. 특히 고전에 대한 전통적인 해석들이 그 위로 두텁게 덧쌓였습니다. 따라서 우리는 갖가지 방식을 동원해 덧쌓인 해석들을 한 풀 한 풀 벗겨 내고 비교적 순수한 맨 처음 정보를 보려고 노력해야 합니다. 그런 뒤에야 『시경』을 통해 2천 년 전 또는 2천 5백 년 전 중국 사회의 어떤 모습이나 그 사람들의 심리를 참으로 이해했다고 할 수 있습니다. 또한 주周나라 당시의 정치 구조 안에서 『상서』가 표현하는 봉건 체제를 이해하며, 황제 통치가 확립된 진秦나라와 한漢나라 이후의 가치 관념으로 『상서』를 왜곡하는 일이 없을 것입니다.

'중국 고전을 읽다' 시리즈에서 저는 이 고전들을 '전통' 독법대로 해석하지 않을 생각입니다. 전통적으로 당연시해 온 독법은 특히 면밀한 검증과 토의를 필요로 합니다. 도대체 고전 원문에서 비롯된 해석인지, 아니면 후대의 서로 다른 시기에 서로 다른 현실적 요구에 따랐기에 그때는 '유용'했으나 고전 자체에서는 멀어진 해석인지 말이지요.

고전을 원래의 태어난 역사 배경에 돌려놓고 그 시대의 보편 관점을 무시하지 않는 것은 이 시리즈의 중요한 전제입니다. '역사적 독법'을 위한 '조작적 정의'●라고도 할 수 있겠습니다.

우리는 '역사적 독법'의 기초 위에서 비로소 '문학적 독법'으로 나가는 다음 단계를 밟을 수 있습니다. 먼저 이 고전들은 오늘날의 우리를 위해 쓰인 것이 아니라, 그것들이 태어난 시대에 우리와 매우 다른 삶을 살았던 옛사람들이 쓴 것입니다. 그러므로 우리는 자기중심적인 태도와 자만심을 버리고, 잠들어 있는 보편된 인성을 일깨우며 다른 삶의 조건 속으로 들어가, 그들이 남긴 모든 것에 가까이 다

●사물 또는 현상을 객관적이고 경험적으로 기술하기 위한 정의

가서야 합니다.

　이 과정에서 우리는 자신의 감성과 지성을 일깨움으로써, 전혀 알 수 없었던 다른 삶의 환경을 이해하고, 내면에 존재했지만 미처 몰랐던 풍요로운 감정을 느끼게 될 것입니다. 저는 후자 쪽이 훨씬 더 중요하다고 봅니다. 우리 삶의 현실이 제공해 줄 수 없는 경험은 이처럼 문자로 남아 있다가 아득히 먼 시공의 역사를 뚫고 나와 우리와 대화하며 새롭고 강렬한 자극을 던져 줍니다.

　고전이 태어났던 전혀 다른 시공간의 차이를 인정함으로써, 우리는 어떤 감정과 감동을 느끼고 일종의 기적을 맛보게 될 것입니다. 그 순간 우리는 현실적 고려에 의해 역사를 단편적으로 취하는 태도를 버리고, 역사를 관통하는 인류 보편의 조건과 역사와 보편 사이의 접점을 발견하며, 인간의 본성과 감정에 대한 더 넓고 깊은 인식으로 나아갈 수 있습니다.

4

'중국 고전을 읽다' 시리즈는 중요한 고전을 찾아 그 책의 몇 단락을 추린 다음 꼼꼼하게 읽는 방법을 취하고 있습니다. 이를 기초로 고전 전체의 기본 틀을 드러내고, 책과 그것이 탄생한 시대의 관계를 설명하려 합니다.

오늘날 전해지는 중국 고전의 규모는 참으로 어마어마해서 모든 고전을 처음부터 끝까지 다 읽는 것은 불가능합니다. 그래서 저는 고전 가운데 독자들이 쉽게 공감할 만한 내용을 고르는 한편, 가장 이질적인 정보를 전달할 수 있는 내용을 선택함으로써 독자들이 시공간을 뛰어넘는 신선하고 신기한 경험을 얻을 수 있도록 노력했습니다. 저는 첫 번째 방법으로 다음과 같은 효과를 기대합니다. "오! 저자의 말이 정말 그럴듯한데?" 두 번째 방법으로는 다음과 같은 반응을 바랍니다. "어? 이런 생각을 하는 사람이 다 있네!"

고전을 읽고 해석할 때 생각해야 할 몇 가지 기본 문제가 있습니다. 이 작품은 어느 시대, 어떤 환경에서 태어났을까? 당시의 독자들은 이 작품을 어떻게 읽고 받아들였을까? 왜 이런 내용이 고전이라 불리면서 오랫동안 변함없이 전해졌을까? 이 작품이 지닌 힘은 다른 문헌이나 사건, 사상 등에 어떤 영향을 끼쳤을까? 앞선 고전과 뒤따르는 고전 사이에는 어떤 관계가 있을까?

이 질문들은 어떤 고전 판본을 고를지 결정하는 기준이 되기도 합니다. 첫 번째 원칙은 가장 기원이 되며 본연에 가까운 판본을 고르는 것입니다. 역사와 선례를 중시하고 강조하는 전통 문화 가치에 따라, 하나의 고전에는 수많은 중국의 저작과 저술이 덧붙었습니다. 『사고전서』四庫全書에 수록된 3천 5백여 종의 서적 가운데 『논어』論語를 해석한 저작과 저술은 무려 100여 종이 넘습니다. 이 가운데 중요하거나 흥미로운 내용이 없는 것은 아니지만, 결국 모두 『논어』라는 고전의 부산물일 뿐입니다. 따라서 우리가 가장 먼저 골라 읽어야 할 것은 『논어』를 해석한 그 어떤 책이 아니라 바로 『논어』입니다. 『논어』는 당연히 『논어』를 부연하고 해석한 그 어떤 책보다 기원과 본연에 가깝습니다.

이 원칙에도 예외는 있지요. 중국 삼국 시대의 왕필王弼이 주석한 『노자』老子와 위진魏晉 시대의 곽상郭象이 주석한 『장자』莊子는 불교의 개념으로 이 책들의 원래 내용을 확장하고 심화했으며, 나아가 위진 시기 이후 중국 '노장老莊 사상'의 기본 인식을 형성했습니다. 형식적으로는 부연이지만 실질적으로는 기원의 영향력을 지니는 셈입니다. 그래서 기본 텍스트로 보고 읽어야 합니다.

두 번째 원칙은 현대 중국어로 읽을 수 있어야 한다는 것입니다. 어떤 책들은 중국 역사를 이야기할 때 반드시 언급해야 할 정도로 중요합니다. 예를 들어 『본초강목』本草綱目은 중국 식물학과 약리학의 기초를 이루는 책으로 무척 중요하지요. 하지만 오늘날의 독자들에게 이 책은 어떻게 읽어 나가야 할지 너무도 막막한 대상입니다.

다른 예를 하나 더 들겠습니다. 중국 문학사에서 운문이 변화하는 과정을 이야기할 때는 언제나 한나라의 부(한부漢賦), 당나라의 시(당시唐詩), 송나라의 사(송사宋詞), 원나라의 곡(원곡元曲) 등을 꼽습니다. 당시나 송사, 원곡이라면 읽을 수 있겠지만, 한부를 어떻게 읽을 수 있을까요? 중국 문자가 확장하고 발전해 온 역사에서, 한부는 매우 중요한 역할을 맡았습니다. 한나라 사람들은 외부 세계와 문자 사이의 서로 다른 대응 관계를 인식하기 시작했고, 수많은 사물과 현상에 상응하는 어휘를 기록하고 전달하는 데 어려움을 겪었지요. 그 때문에 어휘의 범주를 있는 힘껏 넓히고, 갖은 방법으로 복잡한 외부 세계의 눈부신 풍경을 모두 기록해 내려는 충동이 생겨났습니다. 따라서 한부는 일종의 '사전'과 같은 성격을 띱니다. 최대한 복잡하고 다양한 어휘를 사용해 인간이 알고 있는 모든 것을 요란하게 과시하는 장르이지요.

겉으로는 유려한 묘사로 내용을 전달하는 문학 작품처럼 보일지라도, 한부는 사실 새로운 글자를 발명하는 도구에 가까웠습니다. 보기만 해도 신기한 수많은 글자, 남들이 잘 쓰지 않는 기발한 글자를 늘어놓는 것이 한부의 참목적입니다. 글이 묘사하고 서술하는 것이 장원莊園의 풍경이든 도시의 풍경이든, 그것은 허울에 불과합니다. 장원에 대한 한부의 묘사나 서술은 풍경을 전하거나 그로 인해 일어나는 인간의 감정을 표현하는 데 뜻을 두지 않습니다. 한부는 이런 묘사와 서술을 통해 정원이라는 외부 세계에 속하는 모든 대상에 일일이 이름을 붙입니다. 한부 작품에 등장하는 이루 헤아릴 수 없이 많은 명사는 눈앞에 보이는 모든 대상 하나하나에 새롭게 부여한 이름입니다. 한부에 존재하는 수많은 형용사는 서로 다른 색채와 형상, 질감과 소리 등을 분별하기 위해 새로이 발명한 어휘지요. 상대적으로 동사는 그리 많지 않습니다. 한부는 무척 중요하고 소개할 만한 가치가 있으며 새롭게 알 필요가 있는 장르이지만 막상 읽기는 쉽지 않습니다. 읽는다 해도 도무지 재미가 없어요. 한부를 읽기 위해서는 글자 하나하나를 새로이 배우고 그 글자의 뜻을 새삼 되새겨야 하는데, 그럼에도 글을 읽고 나서 얻는 것은 그리 많지 않습니다. 초등학생이나 중학생들의 국어 경시대회와 비교할 수 있겠습니다.

마지막으로 세 번째 원칙이 있는데, 이는 저 개인의 어쩔 수 없는 한계에서 비롯된 것입니다. 저는 저 자신이 읽고 이해할 수 있는 고전을 고를 수밖에 없습니다. 예를 들어 『역경』易經은 지극히 중요한 책이지만, 제가 가려 뽑은 고전 범주에 들지 않습니다. 예로부터 지금까지 『역경』에 대해 그토록 많은 해석이 있었고, 지금도 계속해서 『역경』에 대한 새롭고 현대적인 해석들이 나오고 있지만, 저는 아무래도 그 사상 세계로 들어갈 수가 없습니다. 저는 그와 같이 인간의 길흉화복을 점치는 방식에 설득되지 않으며, 도대체 무엇이 본연의 『역경』이 규정하고 전승하려던 의미였는지 판단할 수 없고, 무엇이 후대에 부연되고 수식된 내용인지 가려낼 수 없기 때문입니다. 역사적 독법의 원칙에 따르자면, 저는 『역경』을 논할 능력이나 자격이 없습니다.

5

'중국 고전을 읽다'에서 저는 다만 책을 읽는 데 그치지 않고 몇 단락씩 꼼꼼히 들여다보려 합니다. 중국 고전은 책마다 분량의 차이가 적잖이 존재하고 난이도의 차이도 크기 때문에, 반드시 이 두 가지를 잘 헤아려 읽을 내용을 결정해야만 합니다.

저는 고전의 원래 순서도 내용의 일부이고, 문단과 문장의 완전함도 내용의 일부라고 생각합니다. 책의 순서에 의미가 없음을 확신할 만한 이유가 있거나 특별하게 대비시키려는 의도가 아니라면, 저는 최대한 고전이 지닌 원래의 순서를 깨뜨리지 않으려고 했으며, 최대한 완전한 문단을 뽑아 읽으며 함부로 재단하지 않았습니다.

강의 내용을 책으로 바꿀 때는 시간과 분량의 제한을 받기 때문에, 꼼꼼한 독해는 아마도 아주 짧은 단락에 그칠 것입니다. 하지만 여러분은 이를 통해 고전 속으로 들어가는 일에 차차 익숙해질 것입니다. 나아가 저는 여러분이 고전을 가깝게 느끼게 되어 책의 다른 부분을 스스로 찾아 읽었으면 하고 바랍니다. '중국 고전을 읽다'는 고전이 지닌 본연의 모습과 방식을 더듬어 여러분이 스스로 고전에 다가가는 기초를 닦도록 도울 것입니다. 이 책은 고전을 읽고 이해하는 데 중요한 첫걸음이 될 것입니다.

목차

3. 어둠 속의 횃불

유가의 신념을 위해 싸우다

웅변 시대의 도래

타이완에서 배우고 자란 사람 대부분은 『맹자』를 읽었고 그 내용이 결코 낯설지 않을 것입니다. 그러나 우리가 맹자를 읽는 방식은 맹자가 무엇을 말했는지 이해하고 나아가 암송하는 것으로, 단지 맹자가 무슨 말을 했는지 알고자 할 뿐 어떤 방식으로 말했는지에는 별로 주의를 기울이지 않습니다.

그러나 역사의 맥락에서 봤을 때는 맹자가 어떻게 말했는지, 즉 그가 도리를 드러내는 태도와 형식이 맹자가 도대체 무엇을 말했는지와 똑같이 중요하다는 걸 말씀드려야 할 것 같습니다.

전국 시대는 '웅변의 시대'였습니다. 소진蘇秦, 장의張儀 같은 종횡가縱橫家는 세 치 혀에 의지한 웅변으로 각국 사이를 빈번하게 드나들며 많은 일을 벌였지요. 그러나 웅변은 절대 종횡가의 전매특허가 아니며, 종횡가가 발명한 것도 아닙니다. 반대로 봐야 합니다. 전통 신념이 급속도로 붕괴되고 있는 사회는 새로운 처세 원칙을 절실하게 필요로 하고, 혼란스러워하는 사람들을 설득하고자 한꺼번에 쏟아져 나온 수많은 주장이 요란스럽게 경쟁합니다. 이렇게 다양한 여론이 공존하는 환경에서 사람들의 경청을 원한다면 어떤 주장에든 특수한 기술이 필요합니다. 더 나아가 사람들이 그 주장을 받아들이기를 원한다면 그 특수한 기술은 더 중요해지겠지요.

웅변은 이러한 시대 배경에서 나온 말의 기술입니다. 춘추 시대부터 묵가에서는 화법과 논변 기술의 중요성을 의식하기 시작했고, 이에 따라 그들의 학파 지식에는 '묵변' 墨辯이라는 매우 세련된 화법과 논변의 방법론이 생겨났습니다. 전국 시대에 이르면 이러한 여론전이 한층 더 가열되면서 전문적으로 언어 규칙을 탐구하며 논변의 맹점을 지적하는 '명가'名家가 출현합니다. 말한다는 것은 더 이상 직관적이고 자연스러운 일이 아닌 공식적인 기술이자 능력이 되었습니다.

종횡가는 이러한 기술과 능력을 특별히 국제 외교의 책략에 사용한 사람입니다. 종횡가와 동시대를 살았던 맹자와 장자는 같은 기술과 능력을 가치 판단의 교류와 전파에 썼습니다. 장자가 일반인을 향해 세속을 초월한 광대한 정신세계를 설파했다면, 맹자가 주로 소통한 대상은 군주였고, 그가 전달한 가치관과 신념은 유가의 인도주의였습니다.

매우 안타깝게도 전통적으로 맹자를 읽는 방식으로는 맹자의 웅변이 지닌 진면모를 충분히 즐기고 간탄할 수 없습니다. 맹자는 유가의 신념이 극히 불리했던 상황에 있으면서도 포기하지 않고 이 신념의 우수성을 드러낼 수 있는 방식을 계속 찾았습니다. 그리고 당시 군주들에게 더욱 환영받고 유행했던 다른 학설과 벌인 난투 속에서 조금도 타협하지 않았습니다. 『맹자』의 뛰어난 점은 맹자가 제시한 생각이 아니라 여기에 있습니다.

맹자는 언어와 신념의 투사입니다. 그의 신념은 주로 공자로부터 이어받은 것이며, 공자가 신봉했던 주나라의 '왕관학'王官學의 전통으로부터 전승된 것으로, 신선하거나 자극적인 것이 결코 아닙니다. 오히려 당시 대부분의 사람이 과거의 쓰레기통에 버려야 할 해묵은 개념이라고 여겼지요. 그러나 맹자의 웅변은 이 낡은 개념들에 생기와 활력을 불어넣어, 당시 다른 사람들이 내놓은 괴이한 논설에 비해 조금도 지친 기색을 드러내지 않았습니다.

『맹자』와 『순자』는 아주 명확한 대비를 이루는데, 이는 단지 전통적으로 잘 알려진 '성선론'性善論과 '성악론'性惡論만이 아닙니다. 더 중요한 대비는 글의 스타일과 말하는 방식입니다. 맹자와 순자, 이 두 사람은 함께 유가에 속하며 공통된 기본 신념을 다수 가지고 있고, 또 저서에서 서로 여러 가지 유사한 도리를 말합니다. 그러나 그 이치가 얼마나 비슷하고 가깝건 간에, 맹자로부터 나온 말과 순자로부터 나온 말이 우리에게 주는 느낌은 매우 다릅니다.

이 차이는 내용 때문이라기보다는 오히려 스타일, 나아가 성격에서 옵니다. 맹자의 웅변 스타일의 일부분은 시대에서 영향을 받은 것입니다. 맹자는 기원전 372년에 태어났으며, 순자는 기원전 313년에 태어났지요. 비록 60년 정도의 차이밖에 나지 않지만 그들이 처했던 시대의 분위기에는 근본적인 변화가 있었습니다. 맹자의 시대는 여전히 수많은 사상가가 서로 충돌하고 논쟁하는 가운데 아직 어떤 것도 정해지지 않은 상황으로, 군주부터 백성까지 누구나 전쟁으로 인한 현실의 불안을 해결할 방법을 찾고자 고심했습니다. 순자의 시대에는 장기간 지속됐던 사회의 동요가 수습되기 시작했습니다. 순자 본인은 유가와 법가를, 순자의 제자인 한비는 한 걸음 더 나아가 법가와 도가를 종합하고 정리하였지요.

바꿔 말하면 여론의 전쟁통에서 강적에게 둘러싸였던 맹자는 언제든지 정신을 다잡고 끊임없이 전투에 임해야 했습니다. 하지만 순자가 살았던 때는 그 논전이 이미 정리가 되기 시작해 몇 명의 강자만이 살아남았기 때문에 다시금 싸울 필요가 없었지요. 따라서 순자는 생각을 바꾸어 어떻게 서로 간의 관계를 새롭게 가다듬어 전쟁을 멈출 수 있을지를 궁리했던 것입니다.

현실 문제를 해결하기 위해 웅변하다

어떤 측면에서 보면 『맹자』는 비교적 『논어』에 가깝지 『순자』와는 거리가 멉니다. 그건 『맹자』가 단지 맹자가 무슨 말을 했는지만 기록한 것이 아니라, 맹자가 어떤 상황에서 누구한테 이러한 말을 했는지 외부 조건을 선명하게 알려 주기 때문입니다. 그 덕분에 우리는 기나긴 세월이 흐른 뒤에도 이러한 기록을 통해 맹자가 논변했던 실제 상황으로 되돌아갈 수 있습니다.

장자 또한 대단한 웅변가임에는 틀림없습니다. 그러나 『장자』라는 책에 펼쳐진 것은 종이 위의 웅변, 상상 속의 웅변입니다. 우리에게 논변의 실제 같은 현장감을 주진 않지요. 장자와 혜시의 대화가 약간 있긴 하지만, 읽어 보면 항상 우화 같은 느낌이 들 뿐 현실을 기록했다는 느낌은 들지 않습니다. 『장자』가 우리에게 전달하는 것은 하나의 각본이며 잘 제어된 무대입니다. 장자에게 묻거나 도전하는 사람들은 그래 봤자 대본 속에 이미 역할이 배정된 배우일 뿐이며, 주어진 대본대로 말하고 으레 그래야 할 무대 효과를 조성합니다.

물론 『맹자』에 기록된 전부를 사실로 볼 수는 없습니다. 중요한 것은 우리에게 이 논변이 실제로 일어났던 일로 느끼게 하려는 『맹자』의 글쓰기를 이해하는 데에 있습니다. 정말 있었던 군주, 정말 발생한 문제, 정말 오갔던 토론과 같은 방식으로 우리에게 더욱 강렬한 현실감을 전달하지요. 『맹자』에서 두드러지는 건 현실 문제에 맞서기를 두려워하지 않고, 추상적이고 이상적인 관념은 논하지 않는 사람입니다. 그는 타인과의 활발한 교류 속에서 사는 사람이지, 자기 자신만의 사고와 상상 속에서 사는 사람이 아닙니다.

이렇게 현실감을 지닌 글쓰기 전략은 일리 있는 선택입니다. '왕관학'부터 유가에 이르는 신념은 맹자의 시대에서는 이미 낡아빠진 사상이었습니다. 단순했던 과거에 어울리는 도리일 뿐 현실에서 갖는 의의는 부족해 보이기 쉬웠지요. 그렇기 때문에 사람들에게 유가의 신념을 귀 기울여 듣게 하려면 먼저 현실을 드러낼 방법이 있어야 했습니다.

『맹자』의 첫 번째 편인 「양혜왕」梁惠王을 여는 첫마디는 역사에 실제로 존재했던 양나라 군주 혜왕에게 주어집니다. 그리고 이 한마디는 독자에게 이 대화가 마치 현장에서 기록된 것처럼 보이게 합니다.

맹자가 양 혜왕을 만났다. 왕이 말하였다. "선생님께서 천리를 마다하지 않고 오시니 우리나라를 이롭게 할 수 있겠습니까?"

孟子見梁惠王. 王曰 "叟不遠千里而來, 亦將有以利吾國乎?"

맹자는 유세객으로, 고정된 관직이나 신분 없이 이 나라에서 저 나라로 끊임없이 옮겨 다니면서 군주에게 국정 분석과 건의를 내놓았지요. 따라서 양 혜왕이 맹자를 만났을 때 "선생님께서 천 리나 되는 먼 길을 거쳐 여기까지 오셨으니 우리에게 아주 유용하고 이익이 될 수 있는 도움을 꼭 주시겠지요?"라고 인사말을 한 것은 당연한 일입니다.

맹자와 같은 사람은 군주의 유동적인 보좌관입니다. 어느 곳에 가든 군주를 설득해 자신의 주장을 받아들이게 하고, 나아가 국정 처리에 힘을 보탤 수 있도록 임용되는 것이 제일 중요한 목표지요. 그래서 양 혜왕이 이렇게 물어본 것은 일반적이고 정상적인 질문이라고 할 수 있습니다. "우리나라를 이롭게 하다"는 군주가 유세객의 의견을 받아들일지 말지를 판단하는 절대 기준입니다.

양나라에 가기 전에 맹자는 이미 어느 정도 유명세가 있었고, 그런 유명세가 있었기에 양 혜왕을 직접 만날 수 있었습니다. 이는 기원전 328년의 일로 당시 맹자는 마흔넷이었는데 양 혜왕이 맹자를 "선생님"이라고 부른 것을 보면 맹자의 실제 나이보다는 맹자의 명성을 고려해 존경의 의미를 담았음을 알 수 있습니다.

하지만 양 혜왕은 상상도 할 수 없었을 것입니다. 첫 만남에서 맹자에게 건넨 자신의 평범한 인사말이 뜻밖에도 맹자에게 부정당할 줄은, 거기다 한바탕 훈계를 들을 줄은요.

맹자가 대답하였다. "왕께서는 왜 하필이면 이로움을 말씀하십니까? 또한 인의가 있을 따름입니다."

孟子對曰 "王何必曰利? 亦有仁義而已矣."

맹자의 대답은 이러합니다. "왕은 어찌 이익만을 말씀하십니까? 이익보다 더 중요한 '인'仁과 '의'義가 있다는 걸 설마 모르시는 겁니까?"

양 혜왕이 이 상황을 미처 이해하지 못하는 사이에 맹자는 인과 의에 대해 속사포처럼 말을 쏟아내기 시작합니다.

"왕께서 '어떻게 우리나라를 이롭게 할 수 있을까'라고 말하면 대부는 '어떻게 내 집을 이롭게 할 수 있을까'라고 말하고, 선비와 백성은 '어떻게 내 몸을 이롭게 할 수 있을까'라고 말하게 됩니다. 위아래가 모두 이로움만을 논한다면 나라는 위태로워집니다.”

“王曰 ‘何以利吾國?’ 大夫曰 ‘何以利吾家?’ 士庶人曰 ‘何以利
吾身?’ 上下交征利而國危矣.”

“군주가 ‘어떻게 해야 내 나라에 이익이 될 수 있을까?’
라고 묻는다면 대부는 곧 ‘어떻게 해야 내 집에 이익이 될
수 있을까?’라고 물으며, 봉지封地가 없는 선비와 백성은 ‘어
떻게 해야 내게 이익이 될 수 있을까?’라고 물을 것입니다.
위와 아래가 이렇게 모두 이익만을 바라며 서로 이익을 쟁
탈하기 위해 싸운다면 그 나라는 곧 위험해집니다. ”

군주가 국가의 이익만을 고려한다면, 봉지를 가진 대
부는 군주가 그러한 것처럼 자기 땅의 이익만을 고려할 것
이고, 마찬가지로 선비와 일반 백성은 자기 자신의 이익만
을 고려할 것입니다. 이렇게 위에서 아래까지 온통 자기의
이익만 바랄 뿐이지요. 그러다 위와 아래의 이익이 서로 엇
갈리면 이쪽의 이익은 늘어나고 저쪽의 이익은 줄기 마련
입니다. 따라서 이익만을 추구하면 이익의 충돌과 다툼이
반드시 생기고, 이는 나라가 위험해지는 원인이 됩니다.

"만승의 나라에서 그 군주를 죽이는 자는 반드시 천승의 가문에서 나옵니다. 천승의 나라에서 그 군주를 죽이는 자는 반드시 백승의 가문에서 나옵니다. 만으로 천을 취하고 천으로 백을 취하니 많지 않은 양이 아닙니다."

"萬乘之國弑其君者, 必千乘之家. 千乘之國弑其君者, 必百乘之家. 萬取千焉, 千取百焉, 不爲不多矣."

『사기』史記「태사공자서」太史公自序에는 이런 구절이 나옵니다.

『춘추』春秋를 보면 시해된 군주가 서른여섯이고, 망한 나라가 쉰둘이며, 제후가 달아나서 그 사직을 지키지 못한 곳은 셀 수도 없다.

『春秋』之中, 弑君三十六, 亡國五十二, 諸侯奔走不得保其社稷者不可勝數.

『춘추』에 기록된 그 2백여 년 동안 36차례의 군주 시해 사건이 일어났고 공식적으로 멸망 및 합병된 나라는 52개국에 달합니다. 6년에 한 번 꼴로 군주가 살해되고, 4년에 한 번 꼴로 나라가 멸망한 셈입니다. 이러한 상황이 '전국' 시대로 접어든 이후 더욱 심각해진 까닭에 맹자는 양 혜왕의 면전에서 대놓고 말했던 것입니다. "만승의 세력을 가진 대국에서 군주를 죽이는 자는 천승의 세력을 가진 대부가 틀림없습니다. 천승의 세력을 가진 중급 정도의 국가에서 군주를 죽이는 자는 바로 백승의 세력을 가진 대부입니다. 이 대부들의 세력은 이미 군주의 십분의 일에 해당하니, 이게 설마 적은 것이겠습니까?" 천승과 백승의 세력을 가진 대부들은 이미 소유한 것이 이렇게도 많은데, 무슨 이유로 군주를 죽이겠느냐는 말이지요. 그 이유는 이런 것입니다.

"만약 의를 뒤로하고 이로움을 앞세운다면, 모두 빼앗지 않고는 만족할 수 없습니다."

"苟爲後義而先利, 不奪不饜."

맹자의 이렇게 설명합니다. "만약 모두 어떻게 하면 이익을 만들어 낼지만을 바라고 어떻게 하는 것이 옳고 정당한지를 생각하지 않는다면, 자신이 얼마를 가지고 있든 더 많은 것을 빼앗고자 하고, 계속 빼앗지 않으면 만족할 수 없어집니다."

앞에서 "위아래가 모두 이로움만을 논한다면 나라는 위태로워진다"라고 한 맹자의 말은 여기에 이르러 더욱 직접적이고 절박해집니다. 사실상 '위아래가 이익만을 취하려고 하면 군주 당신이 위험해진다'라는 말이지요. 만약 군주 자신이 이런 살해와 약탈의 위험을 맞닥뜨리고 싶지 않으면 다음에 이어지는 충고를 마땅히 들어야만 하는 것입니다.

"어질면서 그 가족을 버리는 사람은 없고, 의로우면서 그 군주를 뒤로하는 사람은 없습니다. 왕 역시 인의만을 말씀하셔야 하거늘, 어찌 이로움을 말씀하십니까?"

"未有仁而遺其親者也, 未有義而後其君者也. 王亦曰仁義而已矣, 何必曰利?"

"이익만을 강조하고 추구하기를 멈추고, 반대로 인의를 외치셔야 합니다. 오히려 인의야말로 군주에게 제일 좋습니다. '인'을 믿고 행하는 사람은 자애롭고 어지니 절대 자신의 친지를 소홀히 하거나 버리지 않습니다. '의'를 믿고 지키는 사람은 공정하고 정직하니 절대 자신의 군주를 무시하거나 해를 입히지 않습니다." 여기서 맹자는 '인'과 '의'의 실천에 대해 가장 간단한 정의를 내립니다. 즉 '인'이란 윤리를 따르는 것으로 가족과 친지를 중시합니다. '의'란 정당한 행동을 지키는 것으로 하지 말아야 할 일은 하지 않는다는 신념입니다. 군주를 우선하기로 정한 사람이 군주를 자기 뒤에 놓고 행동할 리 없습니다. 그다음 맹자는 앞서 했던 말을 결론 삼아 다시 한 번 말합니다. "왕께선 마땅히 인의를 말해야 옳습니다. 다시는 이익을 말하지 마십시오."

인의야말로 진정한 이익을 가져올 수 있다

『맹자』의 첫머리인 「양혜왕」에는 맹자의 복잡한 웅변의 사유가 펼쳐집니다. 맹자는 조금의 사정도 봐주지 않고 양 혜왕이 말한 '이익'을 꼬투리 잡아 따끔하게 일침을 놓지요. 그러나 우리는 한바탕 설교를 들은 양 혜왕이 분노하여 혹시 그 자리를 뒤집어엎지나 않을까 맹자를 대신해 걱정할 필요는 없습니다. 왜냐하면 확실히 맹자가 '이익을 말할 필요가 없다'고 이야기하긴 했지만, 양 혜왕이 맹자의 말을 잘 들었다면 인의야말로 군주에게 큰 이익이요, 인의를 주장하는 것이야말로 진정으로 군주의 이익에 부합한다고 추론할 수 있기 때문입니다. 군주가 입버릇처럼 이익을 되뇌고 이익만을 염두에 둔다면 곧 나라 안의 사람도 모두 이익만을 말하고 바라게 되므로 오히려 이것이 군주에게는 가장 이롭지 않습니다.

맹자는 전통주의자가 아닙니다. 그가 양 혜왕에게 '인의'를 주장한 이유는 인의가 옳다거나, 인의가 수백 년 동안 이어져 온 고대 성인들의 가르침이라거나, 요임금과 순임금이 인의를 받들었기 때문에 오늘날의 군주 또한 마땅히 인의를 받들어야 해서가 아닙니다. 사실 맹자는 이익을 중시하는 양 혜왕의 태도에 맞추어 양 혜왕이 원래 알고 있던 이익을 부정하고, 만약 진실로 이익을 원한다면 '인의'야말로 올바른 답이라고 가르쳤던 것입니다.

맹자는 '이익은 이익이 아니다'라는 식의 역설적 표현을 직접적으로 사용하지 않습니다. 그러나 실제로 그의 추론은 여전히 역설적입니다. 그의 웅변은 상대방의 생각이 '옳은 것 같지만 아니'似是而非라는 것을 지적하면서 전개되지요. '당신은 이익을 추구하면 반드시 이익이 있으리라 믿겠지만, 아니요, 그런 생각은 틀렸습니다. 이익을 추구하는 것은 오히려 위험을 부르지요. 인의를 추구하는 것이야말로 진정한 이익을 가져올 수 있습니다.'

『맹자』의 웅변을 관통하는 핵심은 그 시기의 사람들, 그중에서도 특히 군주가 뒤떨어지고 쓸모없다고 여긴 인륜이나 인의 등 주나라 문화의 전통 가치를 당시 환경에 가장 적합한 관념으로 표현한 데 있습니다. 이 점에서 맹자는 공자와 매우 다릅니다. 공자는 춘추 시대의 파괴적인 힘, 변동을 일으킨 힘을 없애고 서주의 처음 상태로 돌아가고자 했습니다. 그렇게 되면 고대부터 있었던 윤리와 규범이 모두 회복되어 그 미덕을 발휘할 수 있다고 믿었지요. 그러나 맹자는 시간을 되돌릴 필요가 없을뿐더러 서주의 그때로 돌아갈 수도 없다고 봅니다. 오히려 전국 시대의 현실에서도 인의를 첫머리로 하는 윤리와 규범은 여전히 쓸모가 있으며 심지어 가장 효과적이라고 주장하지요.

역설적인 맹자의 웅변 스타일은 다음에서도 이어집니다.

맹자가 양 혜왕을 만났을 때, 양 혜왕은 연못 옆에 서서 거위와 사슴이 노니는 것을 바라보고 있었다. 양 혜왕이 물었다. "어진 이 또한 이런 것을 즐깁니까?"

孟子見梁惠王, 王立於沼上, 顧鴻鴈麋鹿, 曰 "賢者亦樂此乎?"

맹자가 양 혜왕을 또 만났습니다. 그런데 이번엔 궁전이 아닌 정원 안의 연못 옆에서 만났군요. 연못가에 서서 정원에 있는 갖가지의 동식물을 감상하던 양 혜왕은 맹자에게 이렇게 묻습니다. "어진 사람도 이렇게 아름다운 풍경을 음미하는 것을 좋아할까요?"

"어진 이"賢者는 맹자에 대한 존칭이기도 하며, 한편으로 양 혜왕이 그만큼 부끄러움과 곤혹스러움을 느꼈다는 의미이기도 합니다. 양 혜왕은 정원 곳곳을 감상하는 것을 좋아했지만 이러한 취향이 아마도 전통적인 성군의 이미지에는 어울리지 않는다고 의식했던 것입니다. 그래서 맹자에게 자신의 이런 취미를 어떻게 보는지 물어봤던 것이고요.

맹자가 대답하였다. "어진 이라야 이것을 즐길 수 있지, 어진 이가 아니라면 이런 것이 있어도 즐기지 못합니다."

孟子對曰 "賢者而後樂此, 不賢者雖有此, 不樂也."

맹자는 또 한 번 양 혜왕의 예상을 빗나갑니다. "어진 사람이라야 이러한 즐거움을 누릴 수 있습니다. 어진 사람이 아니라면 똑같은 환경과 조건에서도 진정한 즐거움을 누릴 수 없습니다."

양 혜왕이 자신 앞에서 정원의 동식물을 감상하는 것에 어색함과 심지어 죄책감까지 느끼고 있다는 것을 맹자는 단번에 알아차립니다. 어진 사람이라면, 더구나 그 어진 사람이 하나의 국가를 책임지고 있는 군주라면, 전통적인 도리로 볼 때 그는 이러한 취미를 가져서는 안 되지요. 어진 군주는 백성을 돌보고 국정을 관리하는 데 마음을 쏟아야 하며, 개인적인 오락보다는 공공의 복지를 더 중시해야 마땅합니다. 양 혜왕이 어진 사람도 이런 것을 좋아하냐고 물었던 것은 이미 맹자가 한차례 훈계를 할 것을 각오했다는 뜻이고, 아마도 양 혜왕은 "어질기는커녕 변변치도 못한 군주가 정원을 거닐며 동식물을 감상하는 데 시간과 정력을 소비하지요!"라는 맹자의 대답을 예상했을 것입니다.

그러나 맹자는 뜻밖에 아무런 비난도 하지 않습니다.

웅변의 기술 중의 하나는 바로 듣는 사람의 예상에서 일부러 어긋남으로써 듣는 사람의 호기심을 자극하고 나아가 놀라게 하는 것입니다. 그렇기 때문에 그 웅변의 내용은 듣는 사람에게 강한 인상을 남기지요. 앞서 보았듯 양 혜왕은 맹자를 향한 자신의 일반적인 안부 인사가 그런 냉혹한 위협을 불러오리라고는 생각지도 못했습니다. 맹자가 '군주를 죽이는 자'를 언급한 그 순간을 양 혜왕은 절대 잊지 못하겠지요. 여기서도 마찬가지로 양 혜왕은 결코 예측할 수 없던 대답을 듣습니다. 맹자는 양 혜왕의 취미를 꾸짖지 않았을 뿐 아니라, 오히려 찬성하고 허락하는 어조로 "어진 사람이라야 이것을 즐길 수 있습니다"라고 말합니다.

맹자는 이어서 설명합니다.

"『시경』詩經에는 이런 구절이 있습니다. '문왕께서 영대靈臺를 세우시려고 땅을 측량하시니 백성이 일하여 하루도 되지 않아 완성하였다. 재촉하지 않으셨는데도 백성은 자식처럼 몰려왔다. 문왕께서 영대 안의 정원을 거닐으시니 잠자듯 누워 있는 암사슴은 토실토실 살이 올라 반지르르 윤이 났고 백조는 눈부시게 빛났다. 문왕께서 정원 안 연못을 거닐자 연못 한가득 물고기가 뛰놀았다.'"

"『詩』云 '經始靈臺, 經之營之, 庶民攻之, 不日成之. 經始勿
亟, 庶民子來. 王在靈囿, 麀鹿攸伏, 麀鹿濯濯, 白鳥鶴鶴. 王
在靈沼, 於牣魚躍.'"

맹자는 놀랍게도 『시경』詩經 대아大雅 「영대」靈臺에서
주나라의 문왕을 묘사한 부분을 인용합니다. 우리는 이 말
을 들은 양 혜왕이 놀란 토끼 눈을 하고 이런 생각을 했으
리라 쉽게 상상할 수 있습니다. '어진 군주가 해서는 안 되
는 일을 했다고 생각했는데, 이 '노선생'은 오히려 나를 칭
찬하다니, 더군다나 주나라를 세운 대성군인 문왕과 나를
동급으로 놓다니!'

맹자가 인용한 『시경』의 이 부분은 주나라의 문왕이
어떻게 '영대'를 세웠는지 이야기합니다. 설계를 시작하고
건축 자재를 준비하자마자 영대는 "하루도 되지 않아" 세
워졌는데, 그 이유는 백성이 모두 달려와 도왔기 때문입니
다. 원래 문왕은 영대를 설계하기는 했으나 완성은 서두르
지 않으려 했습니다. 하지만 백성이 마치 자신의 부모 일을
돕듯 달려와 사력을 다한 덕분에 빠르게 완공되었습니다.
그렇게 지어진 영대의 정원에는 사람을 두려워하지 않고

편안하게 엎드려 있는 암사슴이 있습니다. 잘생긴 암사슴의 털은 기름을 칠한 듯 반지르르 윤이 나고, 그 옆에는 눈같이 하얗게 빛나는 깃털을 자랑하는 백조도 있습니다. 문왕은 이곳 영소靈沼에서 한가득 헤엄치고 있는 물고기를 감상하고 있지요.

맹자는 문왕의 이야기가 말하는 핵심을 짚어 냅니다.

"문왕은 백성의 힘으로 누각과 연못을 지었습니다. 그리고 백성은 기뻐하면서 그 누각을 영대라 부르고 그 연못을 영소라고 부르며 그곳에 있는 동식물을 보고 즐거워하였습니다. 옛사람은 백성과 함께 즐겼으니, 이것이 능히 즐길 수 있는 이유입니다."

"文王以民力爲臺爲沼. 而民歡樂之, 謂其臺曰靈臺, 謂其沼曰靈沼, 樂其有麋鹿魚鼈. 古之人與民偕樂, 故能樂也."

"문왕은 백성의 힘으로 누각과 정원을 지었고, 백성은 기뻐하며 힘을 보탰습니다. 심지어 문왕이 아닌 백성 스스로 누각의 이름을 '영대'라 부르고 정원 안 연못의 이름을 '영소'라고 지어 그들의 진심을 드러냈습니다. 문왕 같은 고

대의 성군은 이렇듯 백성과 함께 즐겼기 때문에 정원 감상
의 즐거움을 누릴 수 있었던 것입니다."

마지막으로, 맹자는 다시 한 번 정반대의 예시를 이용
하여 강조합니다.

「탕서」湯誓에 이르기를, '이 태양이 언제야 없어질까, 내 너
와 함께 망하리라'라고 했으니, 백성이 같이 망하자고 한다
면 비록 누각이며 연못이며 새와 짐승이 있을지라도 어떻게
홀로 즐길 수 있겠습니까?"

"「湯誓」曰 '時日害喪? 予及女偕亡.' 民欲與之偕亡, 雖有臺池
鳥獸, 豈能獨樂哉?"

"반대로, 『상서』尙書 「탕서」湯誓에서는 백성이 하나라
의 걸왕에게 분노하며 절규하는 구절이 있습니다. '이 태양
(왕)은 언제쯤에야 없어지려나? 내가 차라리 저 태양과 함
께 없어지는 것이 낫겠구나!' 생각해 보십시오. 국민이 군주
와 함께 망하는 것을 마다하지 않으니 이러한 군주가 정원
과 동식물을 가지고 있다고 해도 자기 혼자 그 즐거움을 누
릴 수 있겠습니까?"

여기서 핵심은 정원의 동식물이 아니라, 군주와 백성 사이의 관계, 즉 군주가 백성을 어떻게 대하느냐에 있습니다. 이렇게 먼 길을 돌아 맹자는 다시 이 주제 위에 섭니다. 다만 군주의 즐거움에 대해서, 양 혜왕이 물었던 '그래도 되는가, 되지 않는가'를 맹자는 '그럴 수 있는가, 없는가'로 논리를 바꿉니다. 어진 사람, 훌륭한 군주가 이렇게 누려도 되는가 되지 않는가는 문제가 아닙니다. 어진 사람이 아닌 군주가 백성을 잘 다스리지 못해 그들의 지지를 얻지 못한 다면, 당연히 그 군주는 근본적으로 이러한 즐거움을 누릴 길이 없다는 점을 분명히 알아야 합니다. 백성이 옹호하고 지지하는 군주는 편안하고 즐겁게 지낼 수 있습니다. 그러 나 백성과 대립하는 군주는 바늘방석에 앉아 있듯 늘상 좌불안석일 텐데, 즐거움을 누린다고 할 만한 것이 있을까요?

문제의 근원은 전쟁을 좋아함에 있다

그다음 단락에서도 양 혜왕과 맹자의 대화가 이어집 니다만, 상황은 또 다릅니다. 이번엔 양 혜왕이 맹자에게서 제대로 가르침을 얻고자 단단히 준비를 해 왔네요.

양 혜왕이 말하였다. "과인은 우리나라에 대해 마음을 다하고 있습니다. 강의 안쪽 지역에 흉년이 들면 그곳에 사는 백성을 강의 동쪽으로 이주시키고, 곡식을 전달합니다. 강의 동쪽 지역에 흉년이 들어도 마찬가지입니다. 이웃 나라들의 국정을 보았을 때 과인처럼 마음을 쓰는 자는 없습니다. 그런데 이웃 나라의 백성은 줄지 않고 과인의 나라의 백성은 늘지 않으니 어찌 된 일입니까?"

梁惠王曰 "寡人之於國也, 盡心焉耳矣. 河內凶, 則移其民於河東, 移其粟於河內. 河東凶亦然. 察隣國之政, 無如寡人之用心者. 隣國之民不加少, 寡人之民不加多, 何也?"

양 혜왕은 자신에 대해 이렇게 말합니다. "나라를 다스리는 데 저는 마음을 다하고 있습니다. 우리나라 서부에 흉년이 들면 저는 적극적으로 백성을 동부로 이주시키고 동부에서 생산된 식량을 서부로 보내 구제합니다. 반대로 동부에서 흉년이 발생하더라도 저는 똑같이 하지요. 가까운 나라들과 비교를 해 봐도 다른 군주는 저처럼 이렇게 마음을 쓰지 않습니다. 그렇다면 마땅히 이웃 나라의 백성이 우리나라로 넘어와야 옳을 텐데, 왜 실제로는 그렇지 않을까요?"

　양 혜왕의 이러한 의혹의 배경에는 전국 시대 수많은 국가 간의 경쟁이 있습니다. 그 경쟁의 초점 중 하나는 토지이고 다른 하나는 백성입니다. 이 둘은 서로 밀접한 관계를 맺고 있지만 반드시 정비례하지는 않았습니다. 대체로 넓은 토지를 가질수록 나라는 토지의 생산력에 의존하여 더욱 많은 백성을 소유할 수 있습니다. 그러나 이것이 필연적이지는 않습니다. 비자도, 여권도, 세관도 없었던 이 시대의 백성은 기본적으로 굉장히 자유롭게 옮겨 다닐 수 있었고, 더군다나 시국이 어지러울수록 그들은 한층 더 강렬하게 거처를 옮기고자 했습니다. 나라는 커야 합니다. 경쟁에서 우세를 선점하기 위해서지요. 그렇다면 당연히 토지가 있어야 합니다. 토지가 부족하면 충분한 규모의 인구를 감당하지 못할 것입니다. 동시에 기존의 국내 백성을 유지하면서, 다른 나라의 백성이 거주지를 옮겨 오고 싶도록 끌어들일 방법도 생각해야 합니다. 사람이 많아져 토지가 부족해지면 인구를 군대로 만들어 이웃 나라의 토지를 강탈해 올 수 있지요.

맹자가 대답하였다. "왕께서 전쟁을 좋아하시니 전쟁으로 비유를 들겠습니다. 군대가 북소리를 따라 앞으로 나아가고 아군과 적군이 한데 모여 서로의 무기가 얽히고설키니 무기를 버리고 도주한 병사들이 생겼습니다. 어떤 병사는 백 보를 갔고 어떤 병사는 오십 보를 갔습니다. 오십 보를 도망친 사람이 백 보를 도망친 사람을 비웃는다면 어떻겠습니까?"

孟子對曰 "王好戰, 請以戰喩. 塡然鼓之, 兵刃旣接, 棄甲曳兵而走. 或百步而後止, 或五十步而後止. 以五十步笑百步, 則何如?"

맹자는 양 혜왕의 질문에 바로 대답하지 않고 오히려 반문합니다. "왕께서 전쟁하는 것을 좋아하시니 전쟁에서 일어날 법할 일로 비유를 들어 보지요. 북소리가 둥둥 울리며 전쟁이 선포되고, 전투는 점점 격렬해졌습니다. 그러던 중 어떤 병사는 백 보를 도망가 멈추었고, 다른 병사는 오십 보를 도망가다가 멈추었습니다. 만약 오십 보를 도망간 병사가 백 보를 도망간 병사를 보고 '네 간은 콩알만 하구나'라고 비웃는다면 왕께서는 어떻게 생각하시겠습니까?"

왕이 대답하였다. "그건 아닙니다. 도망간 것이 백 보에 달하지 못했을지라도 똑같이 도주한 것입니다."

曰 "不可, 直不百步耳, 是亦走也."

양 혜왕의 반응은 당연히 이러했습니다. "말도 안 되지요. 단지 백 보만큼 도망가지 못했을 뿐이지 그 병사도 똑같이 도망을 가면서 어떻게 다른 사람을 비웃을 수 있습니까?"

맹자는 이러한 양 혜왕의 반응을 일찌감치 예상하고 있었습니다. 우리라도 양 혜왕과 똑같이 대답했을 테지요. 그러나 이 대답으로 양 혜왕은 맹자의 웅변이라는 함정에 빠지고 맙니다.

맹자가 말하였다. "왕께서 이것을 아시니 백성이 이웃 나라보다 많기를 바라지 마십시오."

曰 "王如知此, 則無望民之多於隣國也."

맹자는 즉각 대답합니다. "왕께서 오십 보 도망친 병사가 백 보 도망친 병사를 비웃는 것이 이치에 맞지 않음을 아시는 이상 백성이 이웃 나라보다 많아지지 않으리란 점도 아셔야 합니다." 드디어 맹자는 자신이 양 혜왕에게 주려는 대답을 짚어 냅니다. '왕께서는 이웃 나라의 군주보다 낫지 않습니다. 왕께서는 스스로 '마음을 다한다'고 믿지만 사실 진정으로 '마음을 다하는 것'이 아니지요. 왕께서 하시는 일은 본질적으로 이웃 나라와 똑같기 때문에, 본인은 '마음을 다했다'고 말한들 마치 백 보를 도망가지는 못해도 오십 보에서 멈추어 선 것과 같을 뿐입니다.'

그러고 나서 맹자는 진정으로 '마음을 다하는' 국정 운영 방식을 자세하게 설명합니다.

"경작하는 때를 어기지 않으면 곡식은 먹을 만큼 생깁니다. 연못 전부에 그물 치지 않는다면 어류는 먹을 만큼 있습니다. 때에 맞추어 벌목하면 목재는 사용할 만큼 있습니다. 곡식과 생선이 먹을 만큼 있고, 목재도 사용할 만큼 있다면 백성이 삶을 도모하고 죽음을 슬퍼하는 데 아무런 여한이 없을 것입니다. 삶을 도모하고 죽음을 슬퍼하는 데 아무런 아쉬움이 없는 것이 왕도의 시작입니다."

"不違農時, 穀不可勝食也. 數罟不入洿池, 魚鼈不可勝食也. 斧斤以時入山林, 材木不可勝用也. 穀與魚鼈不可勝食, 材木不可勝用, 是使民養生喪死無憾也. 養生喪死無憾, 王道之始也."

관건은 백성의 기본 생산 활동을 침해하지 않는 데 있습니다. 백성이 농사지어야 할 때 농사짓고 수확해야 할 때 수확할 수 있다면 식량은 먹고 살기에 충분해집니다. 촘촘한 그물로 필요 이상의 물고기를 잡지 않는다면 그 연못 안에서 자라는 어패류로도 먹고 살기에 충분하겠지요. 나무를 수시로 베지 않고 충분히 자랄 시간을 준다면 목재 또한 사용하기에 충분할 것입니다. 곡식과 어패류가 먹을 만큼 있고 집을 짓는 목재도 쓸 만큼 있다면 백성이 잘 살 수 있음은 물론이거니와 죽음에 이르러서도 합당한 상례를 치를 수 있으니 아무런 부족이 없을 것입니다. 이렇게 백성에게 생사에 아쉬움이 없게 하는 것이 바로 '왕도'王道의 출발점입니다. 그리고 이는 군주가 국정을 올바르게 운영하는 데 필요한 기본이기도 하지요.

여기서 "경작하는 때를 어기지 않는다", "때에 맞추어 벌목한다"라는 부분에서 맹자는 '때'라는 말을 두 번 연달아 씁니다. 이어지는 후반부에서도 "가축을 기르면서 번식시킬 때를 잃지 않는다", "백 묘의 땅을 가진 집에서 경작의 때를 빼앗기지 않는다"라고 해서 '때'가 두 번 나오지요. 이것이 맹자가 양 혜왕이 이해하기를 바라는 중점입니다. 즉 군주의 첫 번째 책임은 백성의 생산 패턴을 어지럽히지 않는 것입니다. 맹자가 이렇게 강조하는 이유는 무엇일까요? 당시 백성의 생산 활동의 '때'를 망친다는 말은 곧 군주가 전쟁을 일으킨다는 것을 의미했습니다. 전쟁이 벌어지면 청장년들은 그때가 어떤 계절이든, 논밭에 사람이 필요하든 아니든 징용되어 전장으로 끌려가지요. 어떤 논밭은 이로 인해 일정 기간 황무지가 되고, 어떤 논밭은 농사짓는 사람이 전사하여 돌아오지 못해 오랫동안 황폐해집니다. 이것이 가장 큰 피해이자 파괴입니다.

식량 생산의 시기를 놓친 탓에 사람들이 먹을 곡식은 부족해지고, 먹을 것을 찾다 보니 연못의 아직 덜 자란 새끼 물고기까지 잡을 수밖에 없습니다. 그러다 보면 다음 해에는 물고기의 씨가 마르겠지요. 벌목할 시기에 목재를 베러 갈 사람이 없으니 어긋난 시기에 나무의 성장 여부에 관계없이 아무 나무나 벱니다. 그러면 다음 해에는 벨 만한 나무가 남아 있지 않을 것입니다.

비록 맹자가 확실하게 얘기하지는 않았지만, 그의 대답을 곰곰이 생각해 보면 우리는 맹자의 논리를 일관적으로 이어 볼 수 있고, 방금 읽었던 앞부분의 내용에 대해 또 다른 깨달음을 얻을 수 있을 것입니다. 양 혜왕이 "강의 안쪽 지방에 흉년이 들면", "강의 동쪽 지역에 흉년이 들면"이라고 했을 때 우리는 당연히 농사가 잘되지 않은 '흉년'이 자연적인 원인으로 발생한 것이라고 생각합니다. 그러나 맹자가 양 혜왕에게 상기시키려 하는 점은 이것입니다. '만약 백성이 징용과 각종 부역 때문에 그들의 생산 활동에서 멀어지지 않는다면 강 안쪽 지역에 흉년이 들겠습니까? 강 동쪽 지역에 흉년이 들겠습니까?'

한 걸음 더 나아가, 오십보백보의 비유를 들기 전 맹자가 "왕께서 전쟁을 좋아하시니 전쟁으로 비유를 들겠습니다"라며 마치 대수롭지 않게 한 말이 사실 매우 심각한 말이었음을 깨닫게 됩니다. 반응이 빠른 이 웅변가가 일찌감치 이 말을 던졌을 때 이미 양 혜왕에게 답을 준 셈이지요. '이보시오, 군주 양반. 바로 당신이 이웃 나라의 군주처럼 전쟁 일으키기를 밥 먹듯 하니 백성이 늘지 않을 수밖에요!'

"왕도의 시작"을 애기한 맹자는 군주가 이 기본 기준에 맞추어 눈앞의 이익이 아닌 좀 더 높은 차원의 성취를 추구하기를 기대합니다.

"다섯 묘의 땅을 가진 집에서 심은 뽕나무로 오십 된 자는 비단옷을 입을 수 있습니다. 또 그 집에서 가축을 기르는 데 때를 놓치지 않는다면 칠십 된 자가 고기를 먹을 수 있습니다. 백 묘의 땅을 가진 집에서 경작의 때를 빼앗기지 않는다면 여러 명으로 이뤄진 가족이 배고프지 않을 수 있습니다. 나라의 교육에 신경 쓰고 특히 효제孝悌의 책임감을 심어 준다면 백발의 노인이 길에서 짐을 짊어지지 않아도 됩니다. 칠십 된 자가 비단옷을 입고 고기를 먹으며, 백성이 배고프지 않고 춥지 않은데도 왕 노릇을 하지 못했던 자는 없었습니다."

"五畝之宅, 樹之以桑, 五十者可以衣帛矣. 鷄豚狗彘之畜, 無失其時, 七十者可以食肉矣. 百畝之田, 勿奪其時, 數口之家可以無飢矣. 謹庠序之敎, 申之以孝悌之養, 頒白者不負戴於道路矣. 七十者衣帛食肉, 黎民不飢不寒, 然而不王者, 未之有也."

"다섯 묘의 논밭을 가진 농가에서 뽕나무를 가꾸고 누에를 쳐 실을 뽑으면 오십 세 이상의 사람이 비단옷을 입을 수 있습니다. 논밭에서 가축도 기를 수 있어, 새끼를 치는 때를 놓치지 않으면 칠십 세 이상의 노인이 정기적으로 고기를 먹을 수 있습니다. 백 묘의 토지를 가진 농가에서 때에 맞추어 농사짓고 수확하면 가족 전체가 굶주리지 않을 수 있습니다. 그런 다음 지방의 학교의 교육을 통해 백성에게 부모에게 효도하고 형제와 우애하는 효제孝悌의 이치를 진지하고 조심스럽게 가르쳐, 누구나 부모에 대한 효도와 웃어른에 대한 존중을 알게 한다면, 백발의 노인이 무거운 짐을 메고 길을 걷는 일은 없을 것입니다. 왜냐하면 젊은이가 자연스럽게 그 노인을 도와 대신 짐을 짊어질 것이기 때문입니다. 국정을 운영하면서 칠십 세 이상의 노인이 잘 입고 잘 먹으면 일반 백성은 추위와 배고픔을 걱정할 필요가 없습니다. 이러한 군주는 반드시 천하의 왕 노릇을 할 수 있습니다."

여기서 핵심어는 동사로 쓰인 '王'(왕, 왕 노릇을 하다)입니다. 이 글자는 『맹자』에서 반복해서 나타나지요. 춘추 시대에 수많은 제후국이 동시에 존재하던 상황은 전국 시대에 들어와 대다수가 정리되어 몇 개의 대국만이 서로 싸우고 있었습니다. 이때 누가 보아도 알 수 있는 기본 추세는 남아 있는 국가가 점점 적어지고 최후에는 단 하나의 국가만이 남으리라는 것이었습니다. 겨우 버티고 있는 몇몇 국가는 숨 막히는 긴장 속에서 자신이 마지막 남은 하나의 나라이길 바랐고, 각 군주는 자기가 끝까지 쓰러지지 않고 우뚝 솟은 최후의 왕이 되기를 바랐습니다. '王'은 이러한 수많은 전쟁의 종식을 묘사하는 특수한 용어로서 천하를 통일하고 마침내 왕이 될 수 있다는 의미입니다. 그렇다면 어떤 사람이 왕이 될 수 있을까요? 어떤 조건 아래서 '천하의 왕 노릇'을 할 수 있는 걸까요? 이것이 당시의 가장 현실적이고 가장 절박하기 이를 데 없는 정치 의제였습니다.

맹자가 제시한 '천하의 왕 노릇'을 할 수 있는 조건은 무엇입니까? 정상으로 돌아감입니다. 백성이 정상적인 방식으로 생산하고 정상적으로 살게 하는 것뿐입니다. "칠십 된 자가 비단옷을 입고 고기를 먹으며, 백성이 배고프지 않고 춥지 않다"는 구절만 보더라도 특별히 눈길을 끄는 곳은 없지요. 그런데 이것이 바로 맹자가 추구하여 만들어 낸 웅변 효과입니다. 천하의 왕에 오르는 것이 일생일대의 업적이며 반드시 비상한 재주와 조건이 있어야 해낼 수 있는 성과라고 모든 사람이 생각할 때, 맹자는 뜻밖에도 이렇게 말합니다. "백성의 기본 생활만 지켜 준다면 반드시 왕이 될 수 있습니다. 또한 반드시 왕이 될 수 있음을 보장합니다. '그런데도 왕 노릇을 하지 못했던 자는 없었'으니까요."

"개와 돼지가 사람의 음식을 먹는 것을 보고도 아무런 제재를 취하지 않고, 길에서 사람이 굶어 죽는 것을 보고도 창고를 열어 곡식을 풀지 않습니다. 사람이 죽으면 '나 때문이 아니라 올해가 그런 것이다'라고 말하는 것이 사람을 찔러 죽여 놓고서 '나 때문이 아니라 칼이 그런 것이다'라고 말하는 것과 무슨 차이가 있습니까? 왕께서 올해를 탓하지 않으신다면 천하의 백성들이 몰려들 것입니다."

"狗彘食人食而不知檢, 塗有餓莩而不知發, 人死, 則曰 '非我也, 歲也.' 是何異於刺人而殺之, 曰 '非我也, 兵也.' 王無罪歲, 斯天下之民至焉."

앞에서 천하의 왕 노릇이 사실 그렇게 어렵지 않다고 양 혜왕을 격려하던 맹자는 갑자기 정색하며 비난하는 말투로 양 혜왕의 앞선 질문에 대답합니다. "지금의 현실은 군주와 귀족이 키우는 동물이 백성보다 훨씬 더 잘 먹는데도 왕께서는 제대로 조사하고 단속하지 않습니다. 길가에 굶어 죽은 시체가 있는데도 왕께서는 창고에 저장된 식량을 꺼내 구제하지도 않지요. 백성이 죽어 가는데도 왕께서는 '올해는 상황이 나쁘구나. 날씨가 이런 탓에 흉년이 들었으니 나 때문이 아니다. 이런 건 내가 어떻게 할 수 없는 것이니 내 책임은 아니지'라고 말합니다. 이 말과 사람을 칼로 찔러 죽인 이가 '내가 죽인 것이 아니라 이 칼이 죽인 것이다'라는 말이 뭐가 다릅니까? 만약 왕께서 올해 흉년의 책임을 미루지 않고 자신에게 책임이 있음을 인정하신다면 설사 잘못하신 것이 있을지라도 천하의 백성이 달려와 왕께 자신을 의탁할 것입니다."

원래 양 혜왕의 질문 속에는 답이 숨어 있었습니다. 이웃 나라의 백성이 왜 오지 않겠습니까? 양 혜왕이 흉작의 책임을 자신과 무관한 것으로 보는 동시에 백성을 이주시키고 식량을 보낸 조치를 자신이 '마음을 다한' 표현이라고 믿었기 때문입니다. 맹자가 볼 때 양 혜왕의 이러한 태도와 인근 국가의 군주들은 본질적으로 다를 바가 없었습니다. 본질적으로 차이를 두고 싶다면 양 혜왕은 자신이 전쟁을 좋아하고 사치스러운 취미를 가지고 있어 흉년이 초래되었음을 스스로 인정해야 합니다. 또한 백성이 편안하게 살도록 하는 것이 군주의 책임이지 왕이 백성에게 베푸는 은혜가 아니라는 점 또한 마땅히 알아야 합니다. 이렇게 양 혜왕 본인의 태도를 고쳐야만 백성이 스스로 의지하고자 할 가능성이 생기는 것입니다.

공자의 입을 빌려 혼내다

양 혜왕이 말하였다. "과인은 조용히 선생님의 가르침을 듣고자 합니다." 맹자가 말하였다. "몽둥이로 사람을 죽이는 것과 칼로 사람을 죽이는 것이 무엇이 다릅니까?" 양 혜왕이 대답하였다. "다를 바 없습니다." "칼로 사람을 죽이는 것과 정치로 사람을 죽이는 것이 무엇이 다릅니까?" 양 혜왕이 대답하였다. "다를 바 없습니다."

梁惠王曰 "寡人願安承敎." 孟子對曰 "殺人以梃與刃, 有以異乎?" 曰 "無以異也." "以刃與政, 有以異乎?" 曰 "無以異也."

이 단락은 앞서 백성에 대한 군주의 책임을 토론하는 부분과 이어지면서, 한편으로 그 전과는 또 다른 표현 방식을 보여 줍니다.

여전히 맹자와 양 혜왕의 대화는 이어지지만 이번에는 양 혜왕이 맹자에게 한없이 머리를 조아리며 '선생님의 가르침을 기쁘게 받겠습니다'라고 말합니다. 맹자가 뭐라고 말하든 다 듣겠다는 뜻이지요. 양 혜왕은 특별히 "조용히"安라는 말을 써서 맹자가 듣기 좋은 말을 하지는 않으리라는 것은 확실히 알았고, 그럼에도 맹자의 말을 얌전하게 듣겠다는 뜻을 드러냅니다.

양 혜왕은 이렇게 직접적인데, 맹자는 도리어 에둘러 묻습니다. "군주께서는 몽둥이로 사람을 때려 죽이는 것과 칼로 사람을 찔러 죽이는 것이 다르다고 생각하시는지요?" 양 혜왕은 당연히 "다른 점이 없습니다"라고 대답합니다. 맹자는 한 걸음 더 나아가 다시 묻습니다. "그렇다면 날카로운 칼로 사람을 죽이는 것과 가혹한 국정 운영으로 사람을 죽이는 것은 다르다고 생각하시는지요?" 서로 다른 수단과 방법이지만, 사람을 죽이는 것은 결국 같기 때문에 양 혜왕은 여전히 "다를 점이 없습니다"라고 대답합니다.

맹자가 말하였다. "주방에는 기름진 고기가 있고, 마구간에는 살찐 말이 있는데 백성의 얼굴엔 굶주린 기색이 있고 들에는 굶어 죽은 사람이 있으니 이는 동물을 풀어 사람을 먹게 한 것과 다름이 없습니다. 동물이 서로 잡아 먹는 것조차 사람은 싫어하는데, 백성의 부모 된 자가 국정을 운영하면서 동물이 사람을 먹는 것을 면하지 못하니 어찌 백성의 부모라 할 수 있겠습니까?"

曰 "庖有肥肉, 廐有肥馬, 民有飢色, 野有餓莩, 此率獸而食人也. 獸相食, 且人惡之, 爲民父母, 行政不免於率獸而食人, 惡在其爲民父母也?"

양 혜왕은 국정으로 사람을 죽이는 것 또한 살인이라고 동의하였습니다. 어떠한 반대나 핑계가 없다는 것은 그가 진심으로 맹자에게 가르침을 청하고 있음을 드러내며, 맹자는 그제야 자신의 비판적인 의견을 내놓습니다. "군주의 주방은 다 먹을 수도 없는 고급 육류가 넘쳐나고, 군주의 마구간에 있는 수많은 말은 모두 토실토실 살이 올랐습니다. 그런데 군주의 백성은 오히려 얼굴 한가득 배고픈 표정이고, 길가에서는 굶어 죽은 시체를 볼 수 있습니다. 이것이 짐승을 몰아다가 사람을 먹게 한 것과 뭐가 다릅니까? 동물이 서로 잡아 먹는 것을 보면 사람은 모두 견딜 수 없어합니다. 그런데 부모처럼 백성을 살피고 보호해 주어야 할 군주가 뜻밖에도 짐승이 사람을 잡아 먹는 상황을 피하게 하지도 못하는데 어딜 봐서 백성의 부모란 말입니까?"

맹자의 말은 확실히 듣기가 불편합니다. 양 혜왕을 가리켜 당신이 짐승들을 데려다가 백성을 잡아 먹게 한다고 질책하고 있으니까요. 그런데 이어지는 맹자의 말은 듣는 사람을 더욱 난감하게 만들어 버립니다.

"공자께서는 '나무 인형을 처음 만든 자는 그 후손이 끊길 것이다!'라고 말씀하셨습니다. 왜냐하면 사람의 형상을 본떠서 썼기 때문입니다. 이러하거늘 어찌 백성을 굶어 죽게 만드십니까?"

"仲尼曰 '始作俑者, 其無後乎!' 爲其象人而用之也, 如之何其使斯民飢而死也?"

맹자는 공자의 말을 인용합니다. "나무 인형을 죽은 사람과 함께 묻는 방식을 만든 사람은 자손이 끊길 것이다!"

공자는 왜 이리 심한 말을 했을까요? 나무 인형이 사람의 모습을 닮았다는 이유로 죽은 사람과 함께 묻히기 때문입니다. 나무 인형을 죽은 사람과 함께 묻는 사람은 마치 사람을 생매장하는 기분에 불편한 마음이 들지 않았을까요? 이런 불편한 마음을 잃는다는 건 공자에게 이미 대단히 심각한 일입니다. 이 관점에서 볼 때 백성을 굶주려 죽게 하는 자는 도대체 어찌해야 하겠습니까?

공자의 말은 저주입니다. "俑"(용)이란 산 사람을 대체하는 것이지요. 원래 고대에는 산 사람을 함께 묻었으나 문명이 발달하면서 산 사람 내신 사람의 형상을 한 인형으로 바꿨습니다. 그러나 공자의 인도人道 기준에는 나무나 흙으로 만든 인형을 함께 묻는 것조차 용납될 수 없습니다. 왜냐하면 그것은 사람의 목숨을 빼앗는다는 상징이 되기 때문입니다. 공자는 목숨을 빼앗는 상징만으로도 이렇게 강한 저주를 내리며 반대했는데, 실제로 사람을 데려다가 굶겨 죽이는 행위는 어떻게 해야 할까요?

이 부분에서 맹자는 짐승을 끌고 와 사람을 잡아 먹게 한다는 자신의 말이 과장되게 높은 기준이 아님을 양 혜왕에게 이해시키려 합니다. 공자의 기준과 비교해 보았을 때, 맹자가 양 혜왕에게 요구한 기준은 하나도 높지 않습니다.

만약 양 혜왕의 "마구간에는 살찐 말이 있고" "들에는 굶어 죽은 사람이 있는" 국정 운영을 본다면, 아마도 공자는 화가 머리끝까지 치밀어 말 한마디 못했을 테니까요. 맹자는 화제를 돌려 양 혜왕에게 이릅니다. '군주의 이런 국정 운영은 후손이 끊기는 대가를 치른다 해도 조금도 과한 것이 아닙니다!'

맹자는 한 나라의 군주 앞에서 이렇게 공격적인 말을 거리낌 없이 내뱉습니다. 그는 이렇게 거침없는 웅변으로 집중 공세를 펼쳐 군주로 하여금 백성을 아끼고 사랑하는 유가의 이념을 받아들이게 하려 했던 것입니다.

어진 사람에게는 적이 없다

양 혜왕이 말하였다. "천하에 진晉나라만큼 강한 나라가 없었다는 것을 선생님도 잘 아시겠지요. 과인의 대에 이르자 동쪽으로는 제나라에 패하여 맏아들을 잃었습니다. 서쪽으로는 진秦나라에 땅 칠백 리를 빼앗겼고, 남쪽으로는 초나라에게 욕을 당했습니다. 과인이 부끄럽기 짝이 없어 죽은 이를 위하여 이 치욕을 씻고자 하니 어떻게 해야 하겠습니까?"

梁惠王曰 "晉國, 天下莫强焉, 叟之所知也. 及寡人之身, 東敗
於齊, 長子死焉. 西喪地於秦七百里. 南辱於楚. 寡人恥之, 願
比死者一洒之, 如之何則可?"

아직 양 혜왕과 맹자의 대화가 이어지고 있습니다. 하
지만 이 부분의 상황은 또 다릅니다. 맹자를 향한 양 혜왕
의 질문에는 맹자가 그렇게 무섭게 말했는데도 양 혜왕이
분개하지 않고, 맹자를 그 사리에서 내쫓지 않으며, 맹자와
의 왕래를 끊어 버리지 않은 이유가 잘 드러나고 있습니다.
　왜냐하면 양나라가 곤경에 처했기 때문입니다. 양나
라, 즉 위魏나라는 진晉나라가 셋으로 나뉘며 생겼습니다.
기원전 403년, 진晉나라에서 가장 세력이 강대했던 3명의
대부가 힘에 의지하여 주나라의 천자로 하여금 자신들을
정식 제후로 임명하게 했습니다. 몇 년 후, 그들은 결국 진
나라 최후의 군주였던 정공靜公을 폐위하고 진나라의 영토
를 셋으로 나눠 한韓나라, 조趙나라, 위魏나라를 세웁니다.
이 세 개의 신흥 국가 중 위나라는 가장 중요한 지리를 차
지하였고 국력도 제일 강했습니다. 그리하여 양 혜왕의 시

대에 이르러서도 양 혜왕은 과거의 관점에 따라 자신을 진나라의 주요한 계승자로 보았습니다.

양 혜왕은 맹자에게 묻습니다. "우리 진나라는 천하의 강대국이었습니다. 이것은 선생님께서 잘 알고 계시겠지요." 춘추 시대에 진晉 문공文公이 패업을 이룬 뒤 진나라는 그 누구도 무시할 수 없는 대국이 되었습니다. "그런데 지금 제가 군주가 된 이 몇 년간 동쪽으로는 제나라와 전쟁에서 패배하여 마릉의 전투에선 저의 큰 아들마저 포로로 잡혀 죽음을 당했습니다. 서쪽으로는 또 진秦나라가 끊임없이 쳐들어와 결국 칠백 리나 되는 토지를 빼앗겼지요. 거기다가 남쪽으로는 초나라의 위협과 능욕을 당하고 있습니다. 이러한 일이 나는 치욕스럽기 그지없습니다. 부디 전쟁 중에 죽은 우리 군사들을 위하여 반드시 복수를 하고 싶은데, 어떻게 해야 성공할 수 있겠습니까?"

위나라는 비록 크긴 했으나 사방이 격전지인 곳에 위치했고 다른 강국에 둘러싸여 있었습니다. 동쪽에는 늘상 라이벌 관계인 제나라가 있었고, 서쪽과 남쪽은 빠른 속도로 일어나고 있는 변방의 신흥 세력 진秦나라와 초나라가 있었습니다. 이 국가들은 모두 위나라의 토지와 백성을 노렸지요. 맹자에게서 국정 운영의 원칙과 훈계를 들은 양 혜왕은 이번에 아주 명확하고도 구체적인 질문을 던지고 확실한 대답을 원합니다. '어떻게 해야 제나라, 진秦나라, 초나라를 이길 수 있을까요? 어떻게 해야 이 참담한 패배를 설욕할 수 있을까요?' "전쟁을 좋아하는" 양 혜왕이 자나깨나 한순간도 잊지 않았던 것은 전쟁이었습니다. 줄곧 어떻게 싸워야 승리를 얻을 수 있을까만을 궁리했겠지요.

맹자가 대답하였다. "백 리의 땅에서도 왕 노릇은 할 수 있습니다. 왕께서 백성들에게 인정仁政을 베푸시고 형벌을 가볍게 하시며 세금을 줄이시고 백성이 정성껏 밭을 갈고 편히 김맬 수 있도록 하십시오. 젊은이가 쉬는 날에는 효제孝悌와 충신忠信을 배워, 들어가서는 부모와 형제를 봉양하고 나가서는 웃어른을 공경하면 몽둥이로도 진秦나라와 초나라의 단단한 갑옷과 날카로운 병기를 물리칠 수 있습니다."

孟子對曰 "地方百里而可以王. 王如施仁政於民, 省刑罰, 薄稅斂, 深耕易耨. 壯者以暇日修其孝悌忠信, 入以事其父兄, 出以事其長上, 可使制梃以撻秦楚之堅甲利兵矣."

맹자의 대답은 이러합니다. "백 리의 작은 나라일지라

도 옳은 방법으로 그 나라를 다스린다면 천하의 모든 백성이 따르는 왕 노릇을 하실 수 있습니다." 맹자의 이 말은 양혜왕이 말한 연이은 패배와 좌절에 상응합니다. 맹자는 "동쪽으로는 제나라에 패하였고", "서쪽으로는 진秦나라에 땅을 빼앗겼고", "남쪽으로는 초나라에게 욕을 당했다" 치더라도, 양나라는 여전히 드넓은 토지를 가진 대국이므로 "백리의 땅"과는 거리가 멀다는 것을 양 혜왕에게 일깨워 줍니다. 또한 이 말에 숨겨진 의미는 이렇게 양 혜왕을 가르칩니다. '왕께서 가진 조건은 여전히 더 높은 목표와 원대한 이상을 추구하기에 부족이 없는데, 왜 머릿속에는 동쪽이니 서쪽이니 남쪽이니 싸우고 앙갚음하려는 생각만 가득한지요?'

따라서 맹자는 양 혜왕이 적국에 대한 응징에 관해 물어봤음을 뻔히 알면서도, 다시 근본 이치로 돌아가 그를 타이릅니다. "만약 왕께서 백성에게 인정仁政을 베푸시어 형벌을 조금만 가볍게 하시고, 세금 부담을 좀 줄여 주시며, 농사에 더 많은 인력을 투자해 더 많은 수확을 거둘 수 있는 농작 방식을 격려하신다면, 백성은 토지를 충분히 깊게 갈려고 할 것이며 김을 매는 데 열심일 것입니다. 농사일이 바쁘지 않아 한가할 때면 젊은이는 덕행을 닦을 수 있어 효도와 우애, 충성과 신의의 도리에 따라 집에서는 부모에게 효도하고 형제와 우애하며, 나가서는 웃어른을 공경할 것입니다. 이렇게 하신다면 몽둥이 하나만 쥐어 주어도 백성은 튼튼한 갑옷과 날카로운 무기로 무장한 진秦나라와 초나라의 대군을 물리칠 수 있을 것입니다!"

여기서 맹자가 말하는 "인정"仁政이란 여전히 '경작하는 때를 빼앗지 않는' 일로 귀결됩니다. 강제 부역으로 젊은이를 농토에서 떼어 놓지 말아야 할 뿐 아니라 그들이 더 많은 시간을 농토에서 보내 더욱 풍족한 수확을 할 수 있도록 독려해야 한다는 말이지요. 그리고 젊은이가 교육을 받고 규범을 배울 시간을 주는 것, 이것이야말로 나라를 강하게 하는 근본입니다.

"저들은 그 백성의 때를 빼앗아 농사를 지어 부모를 봉양할 수 없게 합니다. 부모는 춥고 굶주리며 형제와 처자식은 서로 헤어지게 됩니다. 저들이 자신의 백성을 환난에 빠뜨릴 때 왕께서 가서 그 나라를 정벌하신다면 누가 왕을 적대하겠습니까?"

"彼奪其民時, 使不得耕耨以養其父母, 父母凍餓, 兄弟妻子離散. 彼陷溺其民, 王往而征之, 夫誰與王敵?"

어째서 병법과 전쟁을 중시하지 않으면 나라가 도리어 강성해지고 이웃 나라와 벌이는 싸움에서 승리할 수 있는 걸까요? 맹자의 이치는 이러합니다. "비교해 보면 주변의 전쟁을 좋아하는 나라들은 백성이 경작할 시간을 빼앗아 농사를 잘 지어 부모를 봉양하는 일을 하지 못하게 만들어 버립니다. 부모는 굶주리고 추위에 떨며 가족은 사방으로 뿔뿔이 흩어지니 어떻게 한데 모여 살아갈 수가 없지요. 이는 그 군주들이 자신의 백성을 극심한 고통에 빠뜨리는 것이나 마찬가지이니 백성이 이러한 군주를 지지할 리가 없습니다. 만약 왕께서 이런 나라를 치신다면 그 누가 왕께 맞서겠습니까?"

맹자의 말은 일체 양면의 이치를 드러냅니다. 인정仁政을 펼친다면 백성의 마음에서 우러나오는 충성을 얻어, 백성을 도탄에 빠뜨려 인심을 잃고 덕을 거스르는 나라를 손쉽게 정복할 수 있습니다. 뒤집어 말해서, 양 혜왕이 계속 전쟁을 일으킨다면 다른 나라의 군주가 와서 양나라를 공격할 때 "환난에 빠진" 양나라의 백성 또한 쉽게 그들의 군주를 배신할 수 있겠지요.

"따라서 옛말에 '어진 사람은 적이 없다'라고 했습니다. 왕께서는 이 말을 의심치 마십시오."

"故曰 '仁者無敵.' 王請勿疑."

마지막으로 맹자가 하는 말입니다. "그래서 '어진 사람에게는 적수가 없다'라고 하는 것입니다. 왕께선 부디 이 진정한 도리를 의심하지 마시기 바랍니다."

전쟁의 관건은 무슨 무기를 사용하는지, 어디에서 전투를 치르는지에 있지 않습니다. 백성이 잘 지내느냐 잘 지내지 못하느냐에 달린 것이지요. 잘 지낸다면 그들은 자신이 일궈 놓은 생활을 귀중하게 여기고, 필사적으로 자신의 국가를 지키려 들 겁니다. 하지만 사지에 사는 듯 지낸다면, 그들은 현재의 상황이 바뀌기만을 한마음으로 간절히 바랄 것이므로 군주에 대한 지지가 있을 수 없습니다. 따라서 전자의 백성과 후자의 백성이 부딪친다면 전자가 가진 무기가 얼마나 원시적이고 형편없든, 후자가 가진 무기가 얼마나 정교하고 예리하든 결국은 반드시 전자가 후자를 이깁니다.

양 혜왕이 자신이 묻지 않은 질문에 대한 답을 들었다고 생각할 것을 맹자는 압니다. 맹자가 구체적인 전투 방법이나 복수의 방식을 겨냥해서 대답하지 않았기 때문입니다. 그래서 맹자는 "어진 사람은 적이 없다"仁者無敵를 특별히 강조합니다. "仁者無敵"(인자무적)의 본래 뜻은 '어진 사람과 맞서 적이 되려는 사람은 없으므로 어진 사람에게는 적이 없다'입니다. 맹자는 이 말을 웅변의 맥락에 따라 '어진 사람은 적수가 없으므로 어디에서든 항상 이긴다'라는 뜻으로 절묘하게 바꿔, 양 혜왕에게 마치 비현실적으로 멀리 있는 것 같아 보이는 이 답을 의심하지 말고, '인정'仁政의 엄청난 우세를 믿으라고 말하는 것입니다.

시대에 맞는 고대 사상의 가치를 창조하다

맹자의 웅변은 맹자 자신이 믿어 의심치 않은 이치 위에서 완성됩니다. 인의가 국가를 강하게 만들고, 인의가 다른 국가의 정복을 가능하게 하며, 인의가 여러 제후국과 벌인 전쟁에서 이기고 천하를 통일하도록 할 수 있다는 이치

말입니다. 전국 시대의 군주가 늘 고심하던 문제는 어떻게 해야 나라의 세력을 넓히고 이웃 나라보다 더 강해지며 좀 더 효과적으로 전쟁을 이끌어 갈 수 있을까였지요. 그들은 전통 윤리 규범이 이미 때와 효과를 잃은 방법임이 증명되었다고 여기고 그것을 무시했습니다.

유가에서 계승한 봉건적인 '왕관학'은 고대를 기준으로 삼아 현실을 신랄하게 비판합니다. 그리하여 '군주는 군주답고, 신하는 신하답고, 아버지는 아버지다우며, 아들은 아들다운' 인륜이 중심을 이루는 상상 속의 봉건 종법 제도의 황금시대로 되돌아가자고 주장합니다. 이러한 태도는 사실 기본적으로 현실에 맞지 않고 현실에 대응하지도 못합니다. 이미 일어난 변화를 없애고 시간을 거꾸로 돌려 단지 '과거로 돌아가기만 하면' 모든 것이 좋아질 것이라는 환상이지요.

이러한 주장은 전국 시대에 갈수록 무력해집니다. 특히 군주의 자리에 오른 사람은 이런 말을 더욱 듣지 않았지요. 첫째, 현실의 정복 전쟁에는 싸울지 말지 선택의 여지가 없었습니다. 내가 다른 사람의 땅을 차지하지 않으면 다른 사람 쪽에서 내 땅을 차지하려고 공격해 오니까요. 둘째, 정말 '과거로 되돌아간다'고 하면 설마 위나라처럼 봉건 시대의 종법제를 부수고 새롭게 나타난 나라가 스스로 국가이기를 포기하고, 그 군주가 스스로 왕위에서 물러나 대부의 지위로 돌아가려고 할까요?

맹자의 시대에 가장 설득력 있고 시장성이 있었던 건 순수하게 현실적인 공명과 이익을 추구하는 주장이었습니다. 종횡가는 군주에게 인근의 국가들과의 관계를 이용하여 자국에 제일 이익이 되는 상황을 만드는 법을 가르쳤지요. 병가는 군주에게 군대를 훈련시키고 기강을 세우고 전쟁 시에 군영을 설치하는 방법을 가르쳤습니다. 법가는 군주에게 더욱 효과적으로 백성을 통제하고 관리하는 법을 가르치고 어떻게 인력과 자원을 끌어모으는지, 어떻게 통치에 불리한 변수를 줄이는지를 알려 주었고요.

맹자가 대단한 점은 전통주의와 현실주의 사이에서 새로운 길을 개척했다는 데에 있습니다. 게다가 그는 이 새로운 길을 묘사하고 추진시킬 논변의 방법을 찾아내기까지 했습니다. 맹자는 전통주의자가 아닙니다. 그는 '이것은 고대로부터 전해져 내려오는 것입니다. 고대의 성왕이 제창하시고 이미 운용도 해 보신 것이니 반드시 좋을 것입니다'라고 말하는 전통주의 논리를 사용하지 않았습니다. 맹자는 현실을 중시했고, 그래서 당시 현실에 맞춰 '인의'仁義의 뜻을 고쳐 썼습니다.

　당시 사람들은 일반적으로 인의가 과거의 정치 원칙이지, 여러 나라가 격렬하게 전쟁을 벌이는 상황에서 나온 규범이 아니기 때문에 부국강병이라는 현실의 요구에는 아무런 도움도 되지 못한다고 보았습니다. 그러나 맹자는 오히려 그 유창한 웅변으로 전국 시대로부터 2천 년 뒤에 살고 있는 우리마저 이 이치에 내재된 열기를 느끼게 합니다. 맹자는 인의가 부국강병에 방해가 되지 않을뿐더러 부국강병과 무관하지도 않으며, 반대로 부국강병을 지향하는 제일 좋은 방법, 심지어 유일한 길이라고 주장합니다. 또한 인의의 길을 따르지 않는다면, 부국강병을 실현할 수도 없고 수많은 후유증을 불러일으킬 수 있다고 말합니다.

　"내가 어찌 논변을 좋아하겠는가? 어쩔 수 없이 하는 것일 뿐이다."予豈好辯哉, 予不得已. 이 구절을 외우는 사람은 많아도 당시의 역사 상황에서 맹자의 '어쩔 수 없음'不得已이 도대체 어느 정도의 '어쩔 수 없음'이었는지 진실로 이해하는 사람은 적습니다. 맹자의 '어쩔 수 없음'이란 그의 주장이 당시의 시대 흐름을 거스른 것이었던 탓에, 더군다나 단순히 앞선 사람들을 따라서 펼치는 주장이 아니었던 탓에 나오는 '어쩔 수 없음'입니다. 그는 반드시 논변해야 했습니다. 그래야만 갖가지 주장이 어지럽게 펼쳐지는 전국 시대의 환경에서, 한층 더 쉽게 이해되는 전통주의와 현실주의의 관점을 넘어, 군주의 귀를 사로잡을 기회를 만들 수 있었기 때문이지요.

후세에 유가는 정통이 되었고, 그중에서도 공자와 맹자는 정통 중의 정통이 되었습니다. 이에 따라 사람들은 너무나 자명한 사실 하나를 자주 잊어버리곤 합니다. 공자, 맹자와 관련 있는 경전이 쓰였던 시기에는 그들의 생각이나 말이 결코 정통이 아니었다는 것을요. 공자와 맹자는 혼신의 힘을 기울여 당시의 흐름에 대항하였고, 다른 사람의 생각을 바꾸고자 노력했습니다. 그들이 말하는 진리는 단한 번에 이해할 수 있는 것이 아닙니다. 게다가 그들은 강제로라도 남에게 이 진리를 받아들이게 할 만한 권력을 가지지 못했습니다. 공자도 맹자도 살아 있을 때 이런 권력을 가진 적이 없지요.

"내가 어찌 논변을 좋아하겠는가? 어쩔 수 없이 하는것일 뿐이다"라는 말은 결코 아무렇게나 한 말이 아닙니다. 치열하게 논변하지 않으면, 논변에 기대어 명성을 쌓지않으면, 손에 아무런 구체적인 권력을 쥐지 못한 맹자에게 "선생님께서 천 리를 마다하지 않고 오시니"라고 겸손하게 인사하는 양 혜왕을 만날 기회 따위는 주어지지 않기 때문입니다.

왕업王業을 향한 큰길

호연지기로부터 나오는 웅변

양 혜왕은 상대적으로 맹자를 존중했고, 맹자가 웅변
한 큰 도리를 비교적 잘 들은 편에 속합니다. 최소한 그의
아들 양 양왕에 비하면요.

맹자가 양 양왕을 만나고 나와서 사람들에게 말하였다. "멀
리서 바라봐도 군주 같아 보이지 않았고, 가까이 나아가도
두려워하는 바를 볼 수 없었네."

孟子見梁襄王. 出語人曰 "望之不似人君, 就之而不見所畏焉."

양 혜왕이 세상을 떠나고 양 양왕이 막 즉위했을 때, 맹자는 이 새로운 군주를 만납니다. 재미있는 것은 이 기록의 글쓰기 방법이 앞서 봤던 것과 또 다르다는 점입니다. 이 기록의 시점은 맹자와 양 양왕이 대화하는 때가 아니라 대화가 끝난 후 맹자가 궁을 나와서 다른 사람에게 말하는 때입니다.

맹자가 말한 첫마디는 양 양왕에 대한 첫인상입니다. "멀리서 바라봐도 군주다운 모습을 찾아볼 수 없고, 가까이 다가가도 어떤 규범이나 예의를 볼 수 없더군." "望"(망, 바라보다)과 "就"(취, 나아가다)가 서로 상응하여 이어지므로 앞 구절과 뒤 구절의 관계가 밀접함을 알 수 있습니다. 앞 구절은 눈으로 보아 양 양왕의 겉모습이 일국의 군주답지 않음을 말합니다. 뒤 구절은 더 한 걸음 나아간 해석으로 마땅히 어때야 군주다운 건지, 군주의 태도에 적합한 건지를 말합니다.

"就之而不見所畏焉"(취지이불견소외언)은 전통적으로 '가까이 다가가도 두려워할 만한 점이 없었다'라고 해석됩니다. 즉 양 양왕의 문제는 권위가 부족하다는 데 있다는 뜻입니다. 하지만 문장을 보면 이러한 해석은 성립되기 어렵습니다. 먼저 문헌상의 문장 구조는 '不見所畏焉'(불견소외언)

으로 '두려워하는 것을 볼 수 없다'이지 '두려워할 만한 것을 볼 수 없다'라는 의미의 '不見可畏焉'(불견가외언)이 아닙니다. 그다음, 우리는 이미 맹자가 양 혜왕을 대하는 방식을 살펴보았는데요, 『맹자』에는 그가 남긴 훌륭한 명언이 또 하나 있습니다. 바로 "대인과 말할 때는 그를 가벼이 여긴다"說大人, 則藐之.입니다. 이렇게 말한 사람이 군주라면 마땅히 권위가 있어야 하며, 자신의 앞에서 거드름을 피워야 군주답다고 인정할 수 있다고 주장하리라고는 상상하기 어렵습니다.

더욱 중요한 것은 뒤이어 맹자가 전하는 양 양왕과 나눈 대화 내용입니다. 양 양왕은 맹자에게 세 가지 질문을 연달아 던집니다. "천하가 어찌해야 평정되겠소?", "누가 하나로 할 수 있겠소?", "누가 그와 함께하겠소?"라고 말입니다. 이 질문들은 하나같이 단순하며 직접적입니다. 따라서 맹자는 이 새로운 군주가 예의범절도 모르며 태도에 조심스러움이나 점잖음 같은 것을 찾아볼 수 없음을 비판한 것이 분명합니다. 양 양왕의 아버지 양 혜왕은 맹자를 만났을 때 매우 겸손한 태도로 "선생님"叟이라고 불렀으며 "과인은 조용히 선생님의 가르침을 듣고자 합니다"라고까지 말했지요. 그런데 이 젊은이는 거들먹거리며 대뜸 한다는 말이 "천하가 어떻게 평정되겠소?"였던 것입니다.

맹자는 한 나라의 군주라면 무엇을 존중해야 하고, 무엇을 마음에 두어야 하며, 어떤 일이나 어떤 사람에게든 제멋대로 대하지 않아야 함을 잘 알고 있어야 한다고 생각했습니다. 바꿔 말하면, 군주의 자리에 올랐다면 건방져서도, 태도가 불손해서도 안 되는 것입니다. 양 양왕이 "멀리서 바라봐도 군주다운 모습을 찾아볼 수 없"던 이유는 권위가 없었기 때문이 아니라 도리어 오만방자한 태도 때문이었습니다.

"군주께서 별안간 '천하가 어찌해야 평정되겠소?'라고 묻길래 내가 '하나로 정해질 것입니다'라고 대답하였네. 그러자 또 '누가 하나로 할 수 있겠소?' 하고 묻길래 '사람 죽이는 것을 좋아하지 않는 자가 하나로 할 수 있을 것입니다'라고 대답하니 '누가 그와 함께하겠소?' 하고 묻더군."

"卒然問曰 '天下惡乎定?' 吾對曰 '定于一.' '孰能一之?' 對曰 '不嗜殺人者能一之.' '孰能與之?'"

맹자의 묘사는 이러합니다. "밑도 끝도 없이 대뜸 '어떻게 해야 천하를 평정할 수 있겠소?' 물었다네." 인사도 없이, 예의도 차리지 않은 채 한다는 질문은 광대하고 공허하기만 합니다. 양 양왕이 예의를 갖추어 대하지 않자, 맹자 또한 퉁명스럽게 가장 간단한 방식으로 대답합니다. "평정은 '하나'(분쟁과 소요가 사라진 통일)에 있겠지요." 앞서 양 혜왕이 "우리나라를 이롭게 할 수 있겠습니까?"라고 묻자 맹자가 한 무더기의 설명을 늘어놓은 것과 비교해 보아도, "하나로 정해질 것입니다"라는 짧은 대답은 당연히 맹자가 말하기 귀찮아함을 일부러 드러낸 것입니다.

하지만 양 양왕은 맹자의 이런 불편한 심기를 아직 알아차리지 못했습니다. 여전히 자기 일에만 신경을 쓴 채 또 물어보지요. "그럼 누가 '하나'로 할 수 있겠소?" 양 양왕은 "그럼 어떻게 해야 그 '하나'를 만들 수 있겠소?"라고 묻지 않고 "그럼 누가 '하나'로 할 수 있겠소?"라고 묻습니다. 즉 이 말은 맹자가 자신에게 "아, 그야 당연히 대왕께서 '하나'로 하실 수 있지요!"라고 아첨을 떨기를 기대했다는 뜻입니다.

진실로 건방지고 무례합니다. 양 양왕이 이렇게 예의 없이 물은 이상, 맹자도 다시 한 번 무뚝뚝하고 짧게 대답합니다. "사람 죽이는 것을 좋아하지 않는 자가 '하나'로 할 수 있을 것입니다." 물론 이 말은 양 양왕이 듣고 싶어 하는 대답이 아니었으므로 양 양왕은 다시 묻습니다. "누가 그런 사람을 따르고 복종하겠소?" 이 말은 앞선 질문보다 더욱 오만하지요. 사람 죽이는 것을 좋아하지 않고 어떻게 백성을 누르고 복종시킬 수 있느냐며 비꼬기까지 하니까요.

맹자는 웅변으로 이 군주를 훈계하지 않을 수 없습니다.

"대답하여 말했네. '천하에 따르지 않는 자가 없을 것입니다. 왕께서는 모를 아십니까? 칠팔월에 가물면 모는 시듭니다. 하늘에 구름이 모여 폭우가 쏟아지면 모는 세차게 일어섭니다. 이치가 이러하거늘 누가 이것을 막을 수 있겠습니까?'"

對曰 "天下莫不與也. 王知夫苗乎? 七八月之間旱, 則苗槁矣. 天油然作雲, 沛然下雨, 則苗浡然興之矣. 其如是, 孰能禦之?"

양 양왕의 비아냥에 맹자는 강하게 받아칩니다. "누가 따르겠느냐고요? 천하의 사람 모두가 따를 것입니다!" 이어서 맹자 또한 조롱하는 말투로 양 양왕에게 묻습니다. "왕께서는 농사를 아십니까? 모종을 보신 적은 있으신지요? 한여름에 비가 내리지 않아 가뭄이 들면 모는 말라 버립니다. 이때 하늘에 먹구름이 짙게 깔리고 폭우가 쏟아지면 모는 즉시 생기를 찾아 빠르게 자랍니다. 누가 이러한 현상을 막을 수 있을까요?"

"지금 천하의 군주 중 사람 죽이는 것을 즐기지 않는 군주가 없습니다. 만약 사람 죽이는 것을 즐기지 않는 군주가 있다면 천하의 백성은 모두 그를 따르고 바라볼 것입니다. 진실로 이렇게 한다면, 백성이 그 군주에게 돌아가기를 마치 물이 아래로 흐르는 것과 같을 텐데 힘차게 쏟아지는 그 기세를 누가 막을 수 있단 말입니까?"

"今夫天下之人牧, 未有不嗜殺人者也. 如有不嗜殺人者, 則天下之民皆引領而望之矣. 誠如是也, 民歸之, 由水之就下, 沛然誰能禦之?"

"지금 백성을 다스리는 모든 군주 중 사람을 죽이지 않는 사람도 사람 죽이는 것을 좋아하지 않는 사람도 없습니다. 만약 사람을 죽이지 않으며 사람 죽이는 것을 좋아하지 않는 군주가 나타난다면 온 천하의 백성은 길게 목을 빼고 그가 자기의 군주가 되기를 간절히 바라겠지요. 만약 정말 이와 같다면, 백성은 이 군주를 진심으로 복종하며 따를 것이니, 이는 흡사 물이 낮은 곳을 향하여 흐르듯 자연스러운 일인데 이렇게 세찬 기세를 누가 가로막겠습니까?"

맹자의 말에 숨겨진 의미는 다음과 같습니다. 당신처럼 그저 살인과 전쟁만이 최선의 방법이라고 믿는 교만한 군주 때문에 각국의 백성이 마치 한여름에 말라 죽어 가는 모처럼 숨을 헐떡이며 단비만을 기다리고 있는 것이라고요. 이런 극한의 핍박과 위협이 가득한 상황에서 백성을 구출해 내고자 하는 마음 자세, 그것이 바로 '하나'의 기초이자 '하나'가 가지는 힘의 원천이라고요.

웅변의 언어는 아름다워야 하고 또한 힘이 있어야 합니다. 맹자의 웅변에서는 이 두 가지 요소가 굉장히 단단하게 맞물려 있습니다. 가뭄에 말라 가는 모를 살려 내려면 먼저 "하늘에 구름이 모여야" 하니 시선이 위를 향합니다. 뒤이어 "폭우가 쏟아지니" 물이 아래로 쏟아집니다. 이에 호응하여, 백성이 "사람 죽이는 것을 즐기지 않는" 군주를 길게 목을 위로 뺀 채 바라고, 뒤이어 이 "사람 죽이는 것을 즐기지 않는" 군주에게 달려가 의탁하는 형세는 마치 물이나 비가 아래로 쏟아지는 것과 꼭 같습니다.

"나는 호연지기를 잘 기른다"我善養吾浩然之氣라고 말한

것과 같이, 맹자에게는 확실히 '기'氣가 있습니다. 양 양왕 같은 오만방자한 군주를 만나도 결코 가볍게 물러서지 않지요. 맹자가 주장하는 한 나라의 군주다운 군주란 반드시 '두려워하는 바가 있어야' 합니다. 이 말은 군주를 두려워해야 한다는 뜻이 아니라 군주가 호연지기를 불러일으키는 도리를 존중해야 한다는 뜻입니다. 나보다 훨씬 더 지혜로운 사람을 공경하는 태도가 없다면, 그 사람은 지도자 노릇도 왕 노릇도 할 자격이 없습니다.

왕도王道는 어진 마음에서 시작된다

다음은 『맹자』 「양혜왕 상」에서 가장 마지막 부분이며, 제일 긴 부분이기도 합니다. 맹자는 양나라를 떠난 후 제나라에 도착했고, 대화하는 상대도 제나라의 선왕宣王으로 바뀝니다.

제 선왕이 물었다. "제 환공桓公과 진晉 문공文公의 일을 어찌 생각하시는지요?" 맹자가 대답하였다. "공자孔子의 제자 중

제 환공과 진 문공의 일을 말하는 이가 없어 후세에 전해진 바가 없고 신도 들은 바가 없습니다. 부득이 말하자면, 그럼 왕에 대한 것은 어떻습니까?"

齊宣王問曰 "齊桓, 晉文之事, 可得聞乎?" 孟子對曰 "仲尼之 徒, 無道桓文之事者, 是以後世無傳焉, 臣未之聞也. 無以, 則 王乎?"

제 환공과 진 문공은 춘추 시대에 제일 중요한 군주이 자, 가장 성공적으로 패업을 이룬 군주입니다. 사실상 주나 라의 천자를 대신하여 제후들의 의견을 일치시키고 통합했 지요. 또한 제나라는 제 환공이 재위하였을 때 역사상 가장 강성했고 찬란히 빛났습니다. 제 선왕은 분명하게 맹자에게 묻습니다. "내가 어떻게 해야 제 환공을 본받아 이 시대에 제 환공과 진 문공 같은 패업을 다시 이룰 수 있겠습니까?"

맹자는 제 선왕의 질문에 곧바로 대답해 주지 않습니 다. 우리는 이미 이러한 맹자의 대응 방식에 익숙하지요. 하 지만 제 선왕의 질문을 꼬아 버리는 그의 방법은 여전히 우 리를 놀라게 합니다. "공자의 제자 중 제 환공이나 진 문공 의 업적에 관해 말한 사람은 없었기 때문에 이후 유가에는 그들 패업에 관한 지식이 전해지지 않았습니다. 그래서 저도 제 환공이나 진 문공이 무슨 일을 했는지 알지 못합니다. 굳이 얘기해야 한다면, 왕에 대해 말해 볼 수는 있겠습니다."

맹자는 굉장히 불손한 메시지를 전달하고자 매우 겸손해 보이는 말을 씁니다. 표면적으로 맹자는 '죄송합니다. 우리 유학자는 제 환공이나 진 문공의 패업에 관해 잘 모릅니다'라고 말합니다. 그러나 그의 말에 담긴 의미는 이러합니다. '이보시오. 유가에서는 패업 따위는 논하지도 않습니다. 나와 이야기하려면 마땅히 좀 더 높은 목표와 기상이 가지고 있어야 할 것이 아니오! 말하고자 한다면 나는 '왕 노릇'만을 논할 것이외다!'

맹자가 정말로 제 환공과 진 문공을 모를 리 있겠습니까? 공자의 제자가 언제 제 환공과 진 문공에 대해 전혀 언급한 적이 없습니까? 맹자의 말은 사실이 아닙니다. 이는 그가 토론의 주제를 제 선왕이 설정한 '패업'에서 자신이 말하고자 하는 '왕 노릇'으로 옮기려는 수사적 책략입니다. 이 짧은 말 한마디로 맹자는 토론의 주제 설정권을 제 선왕의 손아귀로부터 빼앗아 옵니다.

물었다. "덕이 어떠해야 왕이 될 수 있습니까?" 대답하였다. "백성을 보호하며 왕 노릇을 한다면 그 군주는 막을 수 없습니다." 물었다. "만약 과인이라면 백성을 보호할 수 있겠습니까?" 대답하였다. "가능합니다." 물었다. "어떤 이유로 내가 가능하다고 보십니까?"

曰 "德何如則可以王矣?" 曰 "保民而王, 莫之能禦也." 曰 "若寡人者, 可以保民乎哉?" 曰 "可." 曰 "何由知吾可也?"

왕도가 패업보다 한 차원 높은 목표라는 것을 제 선왕이 모르는 것은 아닙니다. 그리하여 맹자가 화제를 패업에서 왕도로 돌렸을 때 제 선왕은 맹자가 자신을 존중하고 높이 산다는 느낌을 받습니다. 다만 제 선왕은 먼저 본인이 맹자가 말하는 왕도를 추구할 만한 자격이 있는지, 가능성은 얼마나 되는지 알고 싶어 합니다.

제 선왕이 먼저 묻습니다. "어떤 조건이 있어야 왕 노릇을 할 수 있고, 천하를 통일할 수 있을까요?" 맹자의 대답은 이러합니다. "백성을 보호하는 것으로부터 천하를 통일해 나간다면 반드시 어떠한 장애도 없을 것입니다." 대답이 너무 간단해 제 선왕은 다시 한 번 확인하고자 합니다.

"그렇다면 나 같은 사람이 백성을 보호할 방법이 있겠습니까?" 제 선왕의 두 번째 질문은 충분히 직접적입니다. 자기에게도 천하를 통일할 기회가 있겠느냐고 대놓고 물어보는 것이나 마찬가지죠. 이러한 제 선왕의 심중을 제 손바닥 들여다보듯이 훤히 감지하고 있는 맹자가 과감하게 대답합니다. "가능합니다." 제 선왕은 더욱 놀랍니다. 제 선왕은 자신이 제 환공과 진 문공의 패업조차 이룰 수 없으리라 여겼는데, 맹자가 뜻밖에 한 치의 망설임 없이 '왕 노릇'을 할 수 있다고 대답했기 때문입니다. "내가 가능하다는 걸 어떻게 아시는지요?" 이것이 제 선왕이 느끼는 진짜 의혹이지요.

대답하였다. "신이 호흘胡齕에게 듣기를, 왕께서 대청 위 높은 곳에 앉아 계실 때 그 밑으로 소를 끌고 지나가는 사람을 보시고는 '소를 어찌하려고 하는가?' 하고 물으셨습니다. 대답하기를, '흔종釁鐘에 쓰려고 합니다' 하자 왕께서 '놔줘라! 벌벌 떨며 죄 없이 사지로 끌려가는 것 같아 차마 볼 수가 없구나'라고 말씀하셨습니다. 대답하여 묻기를, '그럼 흔종을 하지 말까요?' 하니 '어찌 하지 않을 수 있는가? 양으로 대신하여라'라고 말씀하셨습니다. 그런 일이 있었습니까?"

曰 "臣聞之胡齕曰, 王坐於堂上, 有牽牛而過堂下者, 王見之, 曰 '牛何之?' 對曰 '將以釁鐘.' 王曰 '舍之! 吾不忍其觳觫, 若無罪而就死地.' 對曰 '然則廢釁鐘與?' 曰 '何可廢也? 以羊易之!' 不識有諸?"

맹자의 대답이 간략하고 단호할수록 아무렇게나 하는 말일 리 없습니다. "가능합니다"라는 대답에는 충분한 보충 설명이 진즉 준비되어 있지요.

맹자가 왕에게 묻습니다. "왕의 측근 신하인 호흘에게 이러한 일이 있었다고 들었습니다. 며칠 전 왕께서 대청에 앉아 계실 때 누군가 그 아래로 소를 끌고 가는 것을 보시고 '소를 어디로 끌고 가는가?' 하고 물으시니 그 사람이 '흔종釁鐘 의례(소를 죽여 그 피를 새로 주조한 종의 몸체에 덧발라, 균열이 일어나 맑은 소리가 퍼질 수 없게 되는 것을 피하고 상서로움을 바라는 의례입니다)에 제물로 쓰려 합니다'라고 대답했습니다. 그러자 왕께서 '그 소를 놔주어라. 아무 죄 없이 사형장에 끌려가는 것처럼 무서워 벌벌 떠는 모습을 차마 볼 수가 없구나'라고 말씀하셨지요. 소를 끌고 가던 사람이 '그럼 흔종 의례는 지내지 말까요?' 하고 여쭈자 왕께서 '흔종 의례를 어찌 지내지 않을 수 있겠느냐? 양

으로 대신하여라!'라고 명령하셨고요. 정말로 이러한 일이
있었습니까?"

대답하였다. "있었습니다." 말하였다. "그 마음이면 왕 노릇
을 하기에 충분합니다. 백성은 모두 왕께서 소를 아끼어 그
러셨다 여기지만 신은 왕께서 견디지 못해 그러셨음을 분명
히 압니다."

曰 "有之." 曰 "是心足以王矣. 百姓皆以王爲愛也, 臣固知王
之不忍也."

제 선왕은 간단하게 대답합니다. "그런 일이 있긴 있었
지요." 그는 맹자가 지금 왜 며칠 전의 일을 이야기하는지
몰랐을 것이고, 맹자가 도대체 무슨 말을 하려는지 추측할
수 없었을 것입니다. 맹자가 말합니다. "소에게 그런 마음
이 있다면 왕 노릇을 할 수 있습니다. 제나라 백성은 이 일
을 알고 왕께서 흔종 의례에 소를 쓰는 것이 아까워서 그랬
다고 여기지만, 저는 왕의 반응이 동정과 연민에서 나왔다
는 것을 확실히 알고 있습니다."
　다시 한 번 말씀드리지만, 효과적인 웅변은 듣는 사람

을 놀라게 합니다. 놀라고 충격을 받은 까닭에 들은 말에 깊은 인상을 받기 때문입니다. 이러한 효과 외에도 맹자는 여기서 재빨리 제 선왕의 신임을 얻고 있습니다. 제 선왕은 당연히 자신이 쩨쩨해서 그 소 한 마리를 놓아주도록 했다고 믿지도 인정하지도 않을 테니까요.

왕이 말하였다. "그렇습니다. 정말로 그렇게 말하는 백성이 있습니다. 제나라가 비록 작은 나라이지만 내가 어찌 소 한 마리를 아끼겠습니까? 그 소가 벌벌 떠는 것이 아무 죄 없이 사지로 끌려가는 것 같아 견디지 못하여 양으로 바꾸라고 한 것입니다."

王曰 "然, 誠有百姓者. 齊國雖褊小, 吾何愛一牛? 卽不忍其觳觫, 若無罪而就死地, 故以羊易之也."

제 선왕이 말합니다. "그래요. 정말 그렇게 생각하는 사람이 있습니다. 제나라가 아무리 작은 나라일지라도(사실 제나라는 대국입니다) 소 한 마리를 쓰지 못할 정도는 아닌데 내가 이 일에 어찌 그렇게 인색하겠습니까? 그 소가 부들부들 떨며 끌려가는 모양새가 마치 죄 없이 사형장에 끌려가는 것 같아 차마 눈 뜨고 볼 수가 없던지라 양으로 바꾸라고 한 것이지요."

제 선왕은 맹자가 자신을 이해해 주고 변호해 주며, 또 자신을 오해하는 사람의 의견에 반대하자 굉장히 기뻐합니다. 하지만 이어서 맹자는 태도를 바꿔 제 선왕을 오해한 사람들이 왜 그렇게 생각하는지 설명합니다.

말하였다. "왕께서는 백성이 왕이 재물을 아낀다고 여기는 것을 이상하게 보지 마십시오. 작은 것으로 큰 것을 바꾸었으니 그들이 어찌 그것을 알겠습니까? 왕께서 마치 소가 죄 없이 사지로 끌려가는 것 같아 불쌍히 여기셨다면 소와 양은 어떻게 택하셨는지요?"

曰 "王無異於百姓之以王爲愛也, 以小易大, 彼惡知之? 王若隱其無罪而就死地, 則牛羊何擇焉?"

맹자가 말합니다. "그러나 왕께서는 왕이 인색하다고 여기는 백성을 탓하지 마십시오. 그들이 본 것은 왕께서 소가 아까워 양으로 바꾼 것이고, 작은 것으로 큰 것을 바꾼 것이며, 싼 것으로 비싼 것을 대신한 것인데 여기서 백성이 어떻게 달리 이해할 수 있겠습니까? 설사 왕께서 백성에게 그 소가 죄 없이 죽는 것을 차마 볼 수 없어 놓아주었다고 말씀하셔도 백성은 받아들이지 않을 것입니다. 결국 이 일에서 소와 양은 다른 것이 아니기 때문입니다. 소에게 죄가 없다 치지요, 그렇다면 소 대신 흔종 의례를 하게 된 양에게는 죄가 있습니까?"

왕이 웃으면서 대답하였다. "정말 무슨 마음인지요? 나는 그 재물을 아껴 양으로 바꾼 것이 아닙니다. 백성이 내가 재물을 아낀다고 하는 것이 마땅하겠군요. "

王笑曰 "是誠何心哉? 我非愛其財而易之以羊也, 宜乎百姓之謂我愛也."

맹자의 지적에 제 선왕은 자신의 행동에 불합리한 점이 있음을 깨닫고 제풀에 웃고 맙니다. "이상하네요. 내가 도대체 무슨 생각을 한 걸까요? 나는 정말 가격이 싸고 비싸고를 따져서 인색하게 소를 양으로 바꾼 것이 아닙니다. 하지만 이것만 보면 백성이 내가 인색하다고 말하는 것도 무리는 아니겠군요."

말하였다. "괜찮습니다. 그것이 자애롭고 어진 마음을 행하는 방법이니, 소는 보고 양은 보지 못했을 뿐입니다. 군자는 금수에 대해 그 삶은 보지만 그 죽음은 차마 보지 못합니다. 그 소리를 들으면 그 고기를 차마 먹지 못합니다. 이에 군자는 푸주와 멀리 떨어져 있는 것입니다."

曰 "無傷也, 是乃仁術也, 見牛未見羊也. 君子之於禽獸也, 見其生, 不忍見其死. 聞其聲, 不忍食其肉. 是以君子遠庖廚也."

맹자가 제 선왕을 위로하며 말합니다. "이러한 잘못은 괜찮습니다. 이는 어진 마음의 정상적인 반응이지요. 핵심은 왕께서 소는 보시고 양은 보지 못하셨다는 데 있습니다. 군자는 기본적으로 어진 마음이 있어 동물에게도 동정하고 호응합니다. 그래서 동물이 살아 있는 모습을 보면 자연스럽게 그 동물이 죽임을 당하는 것을 차마 보지 못합니다. 동물의 울음소리를 들으면 그 살아 있는 생명을 느끼고 그 동물의 고기를 차마 먹지 못합니다. 이것이야말로 거주와 의례의 배치에서 군자를 푸주에서 멀리 떨어져 있게 하는 이유입니다."

군자는 귀족으로서 백성을 거느리고 통치하는 지위와 권력을 가지고 있습니다. 군자의 인격과 도덕은 타인의 고통에 진심으로 공감할 수 있는 기본 능력인 어진 마음으로 유지되어야 합니다. 그래야 지도하고 다스리는 역할을 잘 수행할 수 있습니다. 이에 따라 먹기 위해 살해되는 동물의 모습을 보고 들을 수 있는 푸주에 군자가 가까이하지 못하게 하는 것입니다. 만약 지위와 권력을 지닌 군자가 푸주에 가까이 가게 되면 두 가지 필연적인 결과가 생길 뿐입니다. 하나는 제 선왕이 도중에 소를 양으로 바꾼 것처럼, 마음에 강한 영향을 받아 "그 삶은 보지만 그 죽음은 차마 보지 못합니다. 그 소리를 들으면 그 고기를 차마 먹지 못하게" 되어 결국 푸주가 제대로 돌아가지 못하게 간섭할 수 있지요. 더 무섭고 더 보편적이기도 한 다른 하나의 결과는 군자가 동물이 죽는 모습을 보고 듣는 데 익숙해져 동정심이 무뎌지고 점점 잔혹하고 무감각해지는 것입니다. 동물의 죽음에 조금도 마음이 동요하지 않는다면 백성의 고통과 수난에도 아무런 느낌이 없겠지요.

중점은 여기에 있습니다. 제 선왕은 자신이 소를 보고 느꼈던 동정심을 깨닫고 또 귀하게 여겨야 합니다. 그리고 그 동정심을 한 나라의 군주로서 국정을 운영하는 기초로 삼아 이 어진 마음을 넓혀 나간다면 좋은 군주가 될 수 있을 뿐 아니라 천하의 왕 노릇도 할 수 있습니다.

은혜를 넓힐 수 있는 자가 민심을 얻는다

왕이 기뻐하며 말하였다. "『시경』에서 '다른 사람의 마음을 나는 헤아려 안다'라고 했으니 선생님을 이르는 말입니다. 내가 그렇게 행동했으나 돌아서 생각해 보아도 내 마음을 알 수 없었습니다. 선생님이 그렇게 말씀하시니 내 마음이 움직입니다. 이 마음이 왕 노릇을 하기에 적합한 이유는 무엇입니까?"

王說曰 "『詩』云 '他人有心, 予忖度之.' 夫子之謂也. 夫我乃行之, 反而求之, 不得吾心. 夫子言之, 於我心有戚戚焉. 此心之所以合於王者, 何也?"

제 선왕은 매우 흐뭇해하며 맹자에게 이렇게 말합니다. "『시경』詩經 소아小雅「교언」巧言에 '다른 사람의 마음을 나는 헤아려 안다'라는 구절이 있습니다. 바로 선생님을 묘사한 말이었군요! 분명히 그 일은 나 스스로 했습니다만 지나서 그 일을 생각하니 내가 그때 도대체 무슨 마음이었는지 알 수 없었습니다. 그런데 지금 선생님께서 말씀하시니 바로 공감이 갑니다. 다만 이런 마음이 어찌하여 왕 노릇을 하는 도리에 적합하다는 것인지 아직도 잘 모르겠습니다."

말하였다. "왕께 자신이 삼천 근은 들 수 있지만 깃털 하나는 들 수 없고, 짐승의 가는 털끝까지 볼 수 있을 정도로 눈이 밝지만 수레에 실린 장작은 볼 수 없다고 아뢰는 사람이 있다면, 왕께서는 그 말에 동의하시겠습니까?" 답하였다. "아니요."

曰 "有復於王者曰 '吾力足以擧百鈞, 而不足以擧一羽. 明足以察秋毫之末, 而不見輿薪.' 則王許之乎?" 曰 "否."

맹자는 여전히 즉답을 회피하고 완곡하게 제 선왕에게 묻습니다. "만약 지금 어떤 사람이 군주께 이렇게 말씀드린다고 해 보지요. '제 힘은 삼천 근의 무거운 물건을 들어 올리기에 충분하지만 깃털 하나는 들어 올릴 수 없습니다. 또

제 눈은 가을 털갈이 후 새로 난 날짐승의 털 끝부분조차 똑똑히 볼 수 있지만 수레에 가득 담긴 장작은 볼 수 없습니다.' 왕께서는 이 말에 동의하시겠습니까?" 이런 황당한 주장을 그 누가 받아들이겠습니까? 제 선왕은 당연히 고개를 가로저으며 "아니요"라고 대답합니다.

"지금 왕의 은혜가 금수에는 이르면서도 공덕이 백성에게 다다르지 못함은 어찌 된 일입니까? 깃털 하나를 들어 올리지 못하는 것은 그 힘을 쓰지 않았기 때문입니다. 수레의 장작을 보지 못하는 것은 그 눈을 사용하지 않았기 때문입니다. 백성이 보호받지 못하는 것은 은혜를 쓰지 않았기 때문입니다. 따라서 왕이 왕 노릇할 수 없다 함은 하지 않는 것이지 할 수 없는 것이 아닙니다."

"今恩足以及禽獸, 而功不至於百姓者, 獨何與? 然則一羽之不擧, 爲不用力焉. 輿薪之不見, 爲不用明焉. 百姓之不見保, 爲不用恩焉. 故王之不王, 不爲也, 非不能也."

맹자가 말합니다. "지금 군주의 동정심이 소 한 마리를 돌볼 수 있을 정도로 넘쳐흐르는데, 백성은 보살피지 않으시니 이게 어떻게 된 일입니까? 왜 금수는 특별나게 깊이 사랑하시면서 백성은 보호해 주지 않으시는지요?" 그런 다음 맹자는 제 선왕의 행동과 앞서 했던 황당한 주장을 바로 묶어 설명합니다. "깃털 하나를 들어 올리지 못하는 것은 힘을 쓰지 않아서입니다. 수레에 가득 담긴 땔감을 보지 못하는 것은 눈을 쓰지 않아서이지요. 백성을 보호하지 못하는 것은 왕께서 어진 마음과 동정심을 제대로 쓰지 않았기 때문입니다. 이 세 가지는 같은 일입니다. 왕께서 왕 노릇을 하지 못하고 천하를 통일하지 못하는 이유는 왕께서 '하지 못해서'가 아니라 '하지 않기' 때문입니다."

물었다. "하지 않는 것과 하지 못하는 것은 어떻게 다릅니까?" 답하였다. "태산을 끼고 북해를 넘는 일을 사람들이 '하지 못한다'라고 말하는 것은 진실로 할 수 없는 것입니다. 웃어른을 위하여 나뭇가지를 꺾는 일을 사람들이 '하지 못한다'고 말하는 것은 하지 않는 것이지 하지 못하는 것이 아닙니다."

曰 "不爲者與不能者之形何以異?" 曰 "挾太山以超北海, 語人曰 '我不能', 是誠不能也. 爲長者折枝, 語人曰 '我不能', 是不爲也, 非不能也."

별안간 '하지 않는 것'과 '하지 못하는 것'에 대해 들은 제 선왕은 여전히 영문을 몰라 묻습니다. "이 두 가지를 도대체 어떻게 분별합니까?" 이에 맹자는 굉장히 구체적인 대비로 설명합니다. "어떤 사람에게 팔로 태산을 껴안고 북해를 건너라 했는데 그 사람이 '하지 못합니다'라고 대답하면 그것은 정말 '하지 못해서' 그런 것입니다. 만약 노인이 쓰는 지팡이를 만들기 위해 나뭇가지를 꺾으라고 했는데 그 사람이 '하지 못합니다'라고 대답한다면 그것은 정말로 '하지 못하는 것'이 아닙니다. 그 사람에게 정말 그럴 만한 힘이 없거나 할 도리가 없어서 하지 못하는 것이 아니라 스스로 하고자 원하지 않거나 하지 않으려고 하는 것입니다. 이것이 '하지 않음'입니다." '하지 못하는 것'은 능력과 조건에 연관되고, '하지 않는 것'은 의지와 바람에 관계됩니다.

"왕께서 왕 노릇을 하지 않으시는 것은 태산을 끼고 북해를 넘는 부류이기 때문이 아닙니다. 왕께서 왕 노릇을 하지 않으시는 것은 나뭇가지를 꺾는 종류입니다. 내 집안의 웃어른을 공경함으로부터 다른 집안의 웃어른에게 미치고, 내

집안의 아이를 사랑함으로부터 다른 집안의 아이에게 미치
면 천하를 손안에서 운용할 수 있습니다."

"故王之不王, 非挾太山以超北海之類也. 王之不王, 是折枝之
類也. 老吾老以及人之老, 幼吾幼以及人之幼, 天下可運於掌."

"따라서 지금 왕께서 천하를 통일하지 않으신 건 태산
을 끼고 북해를 건너는 일이 아니라 노인을 위해 나뭇가지
를 꺾어 지팡이를 만드는 것과 같은 일입니다. 만약 자기
집안의 노인을 잘 돌보고 이 마음을 넓혀 다른 집안의 노인
도 잘 돌보게 하고, 자기 집안의 아이를 잘 보살피고 이 마
음을 넓혀 다른 집안의 아이도 잘 보살피게 할 수 있다면
천하는 왕의 손안에 들어올 것입니다." 천하를 다스리는 것
이 어려울까요? 조금도 어렵지 않습니다. 그 어진 마음을
잘 보존하여, 늙은이와 어린아이와 같은 모든 약자에게 관
심을 가지고 보호해 주기만 하면 말입니다.

"『시경』에 '아내에게 모범이 되고, 그 모범이 형제까지 이른
다면 그로써 집안과 나라를 다스릴 수 있다'라고 한 구절은
이 마음을 들어 저쪽에 더하라는 말일 뿐입니다. 따라서 은

혜를 넓히면 사해를 지킬 만하지만, 은혜를 넓히지 않으면 처자식조차 지킬 수 없게 됩니다. 옛사람이 보통 사람을 넘어서는 이유에는 다른 것이 없습니다. 다만 행동을 잘 넓혀 나갔을 따름입니다."

"『詩』云 '刑于寡妻, 至于兄弟, 以御于家邦.' 言擧斯心加諸彼而已. 故推恩足以保四海, 不推恩無以保妻子. 古之人所以大過人者無他焉, 善推其所爲而已矣."

제 선왕이 『시경』의 구절을 인용하자 맹자도 여기에서 『시경』 대아 「사제」思齊의 한 구절을 인용하여 내 몸으로부터 한 단계씩 밖으로 확산시켜 나가는 '넓히다'推가 무엇인지 드러냅니다. 먼저 아내에게 넓히고, 그다음은 형제에게 넓히고, 그다음으로 '집안'과 '나라', 그러니까 비교적 작은 영지를 가진 대부와 비교적 큰 토지를 지닌 군주에게 차근차근 넓혀 나가는 것입니다. 맹자는 이렇게 풀이합니다. "이는 단지 나 자신을 아끼는 마음을 다른 사람에게 쓴 것뿐입니다. 이렇게 은혜를 한 단계씩 넓혀 간다면, 마지막에 이르러서는 천하를 보살필 수 있습니다. 반대로, 만약 은혜를 넓혀 가지 않고 자기 자신만을 보호하여 자신의 이익만을 염두에 두면 결국 자신의 처자식조차 지킬 수 없게 됩니다. 고대의 성인이 일반인보다 뛰어났던 비결은 다른 데 있는 것이 아닙니다. 넓히기를 잘했을 뿐입니다. 자기 자신을 대하는 마음을 그대로 넓혀 갔을 따름이지요."

"지금 왕의 은혜가 금수에는 이르면서도 공덕이 백성에게 다다르지 못함은 어찌 된 일입니까? 저울에 달아 보아야 가벼움과 무거움을 알고, 자로 재 보아야 길고 짧음을 압니다. 만물이 그렇거니와 마음이 특히 그러합니다. 왕께서는 이를 헤아려 주십시오."

"今恩足以及禽獸, 而功不至於百姓者, 獨何與? 權, 然後知輕重. 度, 然後知長短, 物皆然, 心爲甚. 王請度之!"

맹자는 앞선 문제를 다시 한 번 말합니다. "지금 군주의 동정심이 소 한 마리를 돌볼 수 있을 정도로 넘쳐흐르는데, 백성은 보살피지 않으시니 이게 어떻게 된 일입니까? 왜 금수는 특별나게 깊이 사랑하시면서 백성은 보호해 주지 않으시는지요?" 이 문제에 대해 제 선왕은 이제 스스로 답을 찾을 수 있겠지요? 그래서 맹자는 그에게 이렇게 권합니다. "무거움이나 가벼움을 알려면 저울추를 사용해서 달아 봐야 하고, 길고 짧음을 알려면 자를 써서 재 봐야 하지요. 모든 물건에는 각각 측정하는 기준이 있으니 마음도 그러합니다. 심지어 마음에는 그 기준이 더욱더 필요합니다. 군주께서 그 마음을 잘 헤아려 보시기 바랍니다."

후대의 송명대에 리理를 중심으로 하는 유학 이론에서는 맹자를 논할 때 특별히 '심학'心學을 내세웁니다. '마음'心은 『맹자』에서 확실히 자주 언급되는 단어이며, 핵심 관념입니다. 맹자가 말하는 마음이란, 지금 현재 우리가 말하는 '느낌'에 가까운 것으로 인간의 내적인 부분과 세상의 외적인 부분이 서로 맞닿은 지점입니다. 마음은 한편으로 외부의 자극을 받아 생겨난 느낌으로 내부와 외부의 연결을 만들고, 다른 한편으로는 느낌을 겉으로 표현함으로써 타인에게 전달하거나 옮겨 또 다른 층의 내부와 외부의 관계를 만듭니다. 인간의 가장 큰 특징은 바로 이 마음을 가지고 있다는 점입니다. 인간은 마음을 전달하고 감응하며, 나아가 자신의 마음으로부터 다른 사람의 마음을 헤아리고 이해할 수 있습니다. 이것이 '은혜를 넓히는 것'의 근본이기도 합니다.

'인의'仁義로 천하를 평정할 수 있다는 맹자의 웅변은

듣기 좋은 말을 하거나 억지를 쓰지 않고 일관된 논리를 펼칩니다. 이 논리의 전제는 인간이 '마음'을 가지고 있다는 데 있습니다. 사람과 사람 사이에는 서로 공감할 수 있는 감응 관계가 만들어질 수 있으며, 이에 따라 나의 마음으로 타인의 마음을 헤아리고 자기 자신을 사랑하는 마음을 넓혀, 사람들을 보호하고 아끼는 자애로운 은혜를 이룰 수 있습니다. 방향을 바꿔 보자면, 사람은 모두 마음을 가지고 있어 인의를 가진 군왕을 알아보고 선택할 수 있으며, 인의를 가진 군왕을 지지하고 그에게 달려가 의지할 수 있습니다. 민심을 얻어, 백성이 몰려와 의지하는 군주가 어떻게 '천하의 왕 노릇'을 하지 못하겠습니까?

마음에 직접 닿는 웅변술

이어서 맹자는 제 선왕이 스스로 마음을 잘 살필 수 있도록 인도합니다.

"아니면 왕께서는 군사를 일으켜 병사와 신하를 위험하게 하고, 제후에게 원한을 품게 해야 마음이 기쁘시겠습니까?"

"抑王興甲兵, 危士臣, 構怨於諸侯, 然後快於心與?"

"헤아려 보십시오. 왕께서는 반드시 군대를 동원하여 병사의 목숨을 위태롭게 하고 이웃 나라 제후들과 원한을 맺어야만 마음이 시원하시겠습니까?"

왕이 대답하였다. "아닙니다. 제가 어찌 이것에 기뻐하겠습니까? 장차 제가 크게 바라는 것을 추구하기 위함입니다."

王曰 "否. 吾何快於是? 將以求吾所大欲也."

제 선왕이 부인합니다. "당연히 아닙니다. 내가 어찌 병사의 목숨을 위태롭게 하고 이웃 제후들과 원수지간이 되는 일에서 기쁨을 얻겠습니까? 이러한 일은 나의 목적이 아닙니다. 좀 더 큰 목표를 추구하고자 취한 수단일 뿐이지요."

말하였다. "왕이 크게 바라는 것이 무엇인지 들을 수 있겠습니까?" 왕이 웃으며 말하지 않았다.

曰 "王之所大欲, 可得聞與?" 王笑而不言.

맹자는 방금 제 선왕이 말한 '좀 더 큰 목표'가 도대체 무엇인지 묻습니다. 그러나 제 선왕은 그저 웃기만 할 뿐 대답하지 않습니다.

그러자 맹자가 먼저 비꼬는 말로 제 선왕을 떠봅니다.

말하였다. "입에 기름지고 단 것이 부족하십니까? 몸에 가볍고 따뜻한 것이 부족하십니까? 아니면 눈으로 볼 빛깔이 부족하십니까? 귀로 들을 소리가 부족하십니까? 앞에 두고 부릴 시종이 부족하십니까? 왕의 모든 신하가 이러한 것을 마련하기에 충분합니다. 그런데 왕께서는 어찌하여 이런 것을 위하십니까?" 대답하였다. "아닙니다. 나는 이런 것을 위하지 않습니다."

曰 "爲肥甘不足於口與? 輕煖不足於體與? 抑爲采色不足視於目與? 聲音不足聽於耳與? 便嬖不足使令於前與? 王之諸臣皆足以供之. 而王豈爲是哉?" 曰 "否, 吾不爲是也."

"'크게 바라는 것'은 더 많이 누리고자 하는 것입니까? 지금 드시는 음식이 충분히 맛있지 않으신가요? 지금 입고 계신 옷이 충분히 좋지 않으십니까? 눈앞에 보이는 것이 충분히 아름답지 않은가요? 귀에 들리는 음악이 충분히 듣기 좋지 않으신가요? 아니면 부릴 시종이 부족하신가요? 이런 것들은 신하에게 분부하시면 왕을 위하여 마련해 드릴 텐데요. 왕께서는 설마 이렇게 누리고자 하시는 겁니까?" 제 선왕은 당연히 "아닙니다. 이러한 것을 위함이 아닙니다"라고 답변합니다.

맹자는 사실 제 선왕이 말하는 "크게 바라는 것"이 무엇인지 진작에 알고 있었습니다. 제 선왕 또한 맹자가 그의 "크게 바라는 것"에 찬성하지 않을 것을 예상했기에 웃으면서 말하지 않았고요.

말하였다. "그렇다면 왕께서 크게 바라시는 바를 알겠습니다. 국토를 넓혀 진秦나라와 초나라의 문안을 받고, 천하의 중심이 되어 변방의 이민족까지 아우르고자 하시는군요. 이러한 행동으로 이러한 바람을 추구하시는 것은 마치 나무에 올라가 물고기를 얻고자 하시는 것과 같습니다."

曰 "然則王之所大欲可知已. 欲辟土地, 朝秦楚, 莅中國而撫
四夷也. 以若所爲, 求若所欲, 猶緣木而求魚也."

맹자가 말합니다. "이런 것을 위해서가 아닌 이상 그럼
왕께서 추구하시는 '크게 바라는 것'이 무엇인지 알겠습니
다. 왕께선 국토를 넓혀 진秦나라와 초나라 같은 대국이 신
하의 예로써 복종하시길 원하시고, 천하를 다스리시면서
경계 밖의 이민족까지 달래고자 하시는군요. 하지만 왕께
서 하시는 방법으로 목표를 추구하시는 것은 마치 나무에
올라 물고기를 잡고자 하는 것과 같습니다."

짤막한 한 단락의 말로, 맹자는 제 선왕을 연달아 세
번이나 깜짝 놀랍니다. 먼저 제 선왕의 "크게 바라는 것"을
정확하게 짚어 내고, 아주 자신만만한 태도로 그것이 옳은
지 그른지 더 묻지도 않습니다. 두 번째로 맹자는 뜻밖에
제 선왕이 "크게 바라는 것"을 반대하지도 비평하지도 않
고 이 "크게 바라는 것"을 어떻게 해야 이룰 수 있을지 곧
장 논합니다. 세 번째로 제 선왕이 "크게 바라는 것"을 실현
하고자 고른 방법을 나무에 올라 물고기를 잡는다는 괴상
하고 과장된 비유로 묘사합니다.

왕이 말하였다. "이것이 그렇게 지나칩니까?" 맹자가 대답하였다. "물론 지나칩니다. 나무에 올라가 물고기를 얻고자 함은 물고기를 얻지 못해도 후에 재앙이 없습니다. 이러한 행동으로 이러한 바람을 추구하여 마음과 힘을 다해 하신다면 후에 반드시 재앙이 있습니다."

王曰 "若是其甚與?" 曰 "殆有甚焉. 緣木求魚, 雖不得魚, 無後災. 以若所爲, 求若所欲, 盡心力而爲之, 後必有災."

맹자의 비유를 듣고 제 선왕이 매우 난감해합니다. "그렇게 말도 안되는 지경이란 말입니까?" 그런 맹자의 대답을 제 선왕은 예상하지 못했지요. "이걸 가지고 과장이라고 하십니까? 아니요. 저의 비유를 현실과 비교해 보면 과장이 아닐 뿐 아니라 오히려 너무 절제한 셈입니다! 나무에 올라 물고기를 잡고자 하는 것은 그래 봤자 물고기를 잡지 못할 뿐이지 다른 후유증이나 재난을 몰고 오지 않습니다. 왕께서 자신의 방식으로 자신의 목표를 추구하시면서 적당히 되는 대로 하신다면 그나마 낫겠지만, 만약 진지하게 최선을 다하신다면 반드시 심각한 재난이 일어날 것입니다."

자세하게 분석해 보면 보이는 점이 있습니다. 이전의

대화에서 맹자는 줄곧 제 선왕을 '왕'이라고 불렀습니다. 그런데 여기서는 '이러한'이라는 표현을 쓰고 "이러한 행동으로 이러한 바람을 추구하다"라고 두 번이나 반복해 말하지요. 맹자의 이 화법은 제 선왕과 논의를 하거나 제안을 하는 말투도, 심지어 인내심을 가지고 간곡하게 가르치는 말투도 아닙니다. 분명한 꾸지람입니다.

제 선왕은 왜 맹자의 꾸지람을 참고 있을까요? 맹자가 먼저 웅변의 자세로 제 선왕이 "크게 바라는 것"을 정확하게 알아맞히고, "크게 바라는 것"에 반대는 고사하고 제 선왕과 함께 "크게 바라는 것"을 어떻게 실현시킬지 논하고자 하기 때문입니다. 맹자의 책략은 제 선왕을 두려움에 떨게 했고, 맹자의 꾸지람을 얌전히 듣게 했으며, 순종적으로 맹자가 말하는 이치를 받아들이게 했습니다.

물었다. "들어 볼 수 있겠습니까?" 말하였다. "추鄒나라 사람과 초나라 사람이 전쟁을 한다면 왕께서는 누가 이길 거라고 생각하십니까?" 말하였다. "초나라 사람이 이깁니다."

曰 "可得聞與?" 曰 "鄒人與楚人戰, 則王以爲孰勝?" 曰 "楚人勝."

제 선왕은 공손히 묻습니다. "그 가운데의 이치를 제게 알려 주시겠습니까?" 맹자는 대답해 주지 않고 다시 묻습니다. "만약 추鄒나라 사람과 초나라 사람이 싸운다면 왕께선 어느 편이 이기리라 보십니까?" 초나라는 손꼽히는 대국이고, 추나라는 대국 사이에 끼어 간신히 연명하는 작은 나라입니다. 크고 작음이 너무나 뚜렷하지요. 따라서 제 선왕은 당연히 이렇게 대답합니다. "초나라 사람이 이깁니다."

말하였다. "그렇다면 작은 것은 언제나 큰 것에 대적하지 못하고, 적은 것은 언제나 많은 것에 대적하지 못하고, 약한 것은 언제나 강한 것에 대적하지 못합니다. 천하에 사방 천 리인 나라가 아홉이고 제나라는 그 하나입니다. 하나로 여덟을 복종시키려고 하는 것이 추나라가 초나라에 대적하는 것과 무엇이 다릅니까?"

曰 "然則小固不可以敵大, 寡固不可以敵衆, 弱固不可以敵彊. 海內之地, 方千里者九, 齊集有其一, 以一服八, 何以異於鄒敵楚哉?"

"왕께서도 추나라가 초나라를 이기지 못한다고 생각하시니, 이는 작은 것이 큰 것에, 적은 것이 많은 것에, 약한 것이 강한 것에 맞서지 못함에 동의하신다는 뜻입니다, 그렇지요? 자, 보시죠. 제나라는 천하의 영토와 세력에서 구분의 일을 차지합니다. 그리고 제나라를 뺀 다른 나라의 영토와 세력을 모두 합하면 제나라의 여덟 배가 됩니다. 왕께서 여덟 배의 격차에도 제나라의 역량으로 천하를 정복하고자 하신다면 추나라가 초나라와 싸워 이기려 하는 것처럼 불가능한 일 아닙니까?"

제 선왕의 생각이 터무니없고 불가능함을 구체적으로 지적한 맹자는 그에게 올바른 방법은 무엇인지 곧바로 알려 줍니다.

"그러므로 역시 근본으로 돌아가야 합니다. 지금 왕께서 인정仁政을 베푸신다면 천하의 선비는 모두 왕의 조정에 서기를 원하고 농부는 모두 왕의 땅을 경작하길 원하고 상인은 모두 왕의 도시에 재물을 두길 원하고 나그네는 모두 왕의 길을 출입하길 원하며, 천하에 자신의 군주를 괴롭히는 모든 이가 왕에게로 달려와 호소하길 원할 것입니다. 이와 같다면 누가 이것을 막을 수 있겠습니까?"

"蓋亦反其本矣. 今王發政施仁, 使天下仕者皆欲立於王之
朝, 耕者皆欲耕於王之野, 商賈皆欲藏於王之市, 行旅皆欲出
於王之塗, 天下之欲疾其君者, 皆欲赴愬於王. 其若是, 孰能
禦之?"

핵심은 '근본으로 돌아감'에 있습니다. 무력과 전쟁은
말단임을 확실히 이해하고 무엇이 근본인지 반드시 알아야
합니다. '인정仁政을 베푸는 것', 이것이 근본이지요.

맹자는 제 선왕에게 먼저 인정을 펼칠 때 나타날 효과
를 묘사합니다. "천하에 벼슬을 하려는 사람이 모두 왕의
조정에서 출세하려고 합니다. 천하의 농부가 모두 왕께서
다스리는 땅을 경작하려고 합니다. 천하의 상인이 모두 자
신의 상품과 재산을 왕께서 관할하는 시장에 모아 두려고
합니다. 천하의 나그네가 모두 왕께서 지키는 길을 걸으려
고 합니다. 그리고 자신의 군주에게 학대와 고통을 받는 천
하의 백성이 모두 왕께 몰려와 구원을 호소하고자 합니다.
만약 이렇게 할 수 있다면 누가 왕께 대적하겠습니까?"

아름답고도 힘이 있는 이 일련의 말들이 제 선왕의 마
음을 움직입니다.

왕이 말하였다. "내가 부족하여 이에 나아가지 못합니다. 선생께서 나의 뜻을 도와 분명하게 나를 기르쳐 주십시오. 내가 비록 영리하진 못하나 그것을 시도해 보도록 해 주십시오."

王曰 "吾惛, 不能進於是矣. 願夫子輔吾志, 明以敎我. 我雖不敏, 請嘗試之."

"나의 지혜가 부족하여 혼자의 힘으로는 말씀하신 그런 상태를 이루어 내지 못합니다. 선생께서 내 뜻을 도우셔서 내가 앞으로 어떻게 해야 좋을지 똑똑히 가르쳐 주십시오. 내가 그렇게 총명하지는 않습니다만 한번 시도해 볼 수 있게 해 주십시오."

이 말을 보면 제 선왕이 이미 설득당했음을 알 수 있습니다. 맹자는 이어서 구체적인 국정 운영의 방안을 제시하지요.

맹자가 말하였다. "일정한 생산이 없이도 일정한 마음이 있는 건 오직 선비만이 할 수 있습니다. 만약 백성이라면, 일정한 생산이 없으면 그로 인해 일정한 마음도 없게 됩니다. 만약 일정한 마음이 없다면 방종하고 법을 피하고 악한 행위를 일삼으며 사치함에 하지 않는 일이 없습니다. 백성이 죄에 빠지는 데 이르러 그 후에 이에 따라 처벌을 하니, 이는 그물로 백성을 잡아들이는 꼴입니다. 어찌 어진 이가 자리에 있으면서 백성을 그물을 쳐 잡아들이는 짓을 할 수 있습니까?"

曰 "無恆産而有恆心者, 惟士爲能. 若民, 則無恆産, 因無恆心. 苟無恆心, 放辟邪侈, 無不爲已. 及陷於罪, 然後從而刑之, 是罔民也. 焉有仁人在位, 罔民而可爲也?"

"의존할 수 있는 고정 수입이 없는 채로 일관된 행동과 신념을 지킬 수 있는 것은 '선비'士(어느 정도의 지식과 지위가 있고 동시에 어느 정도의 덕을 지닌 사람)라야 할 수 있습니다. 왕께서는 이러한 기준을 백성에게 바라시면 안 됩니다. 일반 백성은 의존할 수 있는 고정 수입이 없다면 굳은 심지를 가질 수 없습니다. 굳은 심지가 없다면, 각양각색의 방탕하고 간사하고 위법한 일을 하게 됩니다. 이렇게 백성이 범죄를 저지르기를 기다리고 거기에 처벌을 더하시니, 이는 그물을 쳐 백성을 잡는 것이나 마찬가지입니다. 어진 군주가 되어서 매일 그물을 던져 백성을 잡는다는 게 말이 됩니까?"

"따라서 현명한 군주는 백성의 생산을 제정함에 위로는 부모를 봉양하기에 족하게 하고 아래로는 처자식을 기르기에 족하게 하며, 풍년에는 내내 배부르게 하고 흉년에는 죽음을 면하게 해 줍니다. 그런 후에 백성을 몰아 선善으로 가게 하니 따라서 백성이 그것을 따름이 쉽습니다. 지금은 백성의 생산을 제정함에 위로는 부모를 봉양하기에 족하지 않고, 아래로는 처자식을 기르기 족하지 않으며, 풍년에도 내내 괴롭고 흉년에는 죽음을 면하지 못합니다. 이는 오로지 죽음을 구제하기에도 부족할까 두려운데 어찌 한가롭게 예와 의를 배우겠습니까?"

"是故明君制民之産, 必使仰足以事父母, 俯足以畜妻子, 樂歲終身飽, 凶年免於死亡. 然後驅而之善, 故民之從之也輕. 今也制民之産, 仰不足以事父母, 俯不足以畜妻子, 樂歲終身苦, 凶年不免於死亡. 此惟救死而恐不贍, 奚暇治禮義哉?"

여기서 맹자는 같은 뜻의 말을 긍정적인 측면에서 한 번 얘기하고, 부정적인 측면에서 다시 한 번 얘기하여 있는 힘을 다해 제 선왕에게 주는 인상을 강화합니다.

"훌륭한 군주는 백성의 생산을 계획하면서 반드시 그들이 위로는 부모를 모시고 아래로는 처자식을 보살피기에 충분하게 합니다. 풍년의 겨울에는 일 년 내내 먹을 걱정을 하지 않게 하고, 설사 흉년을 맞이하더라도 목숨을 잇게 합니다. 이러한 물질적인 기초가 생긴 다음, 백성을 방종하고 간사하게 하지 않으며 법을 어기지 않도록 선한 행위로 인도하면 그들은 쉽게 따를 것입니다. 그런데 지금 현실은 그렇지 않으니, 백성의 생산이 위로는 부모를 모시고 아래로는 처자식을 보살피기에 부족합니다. 풍년의 겨울에도 일 년 내내 고통스러운 나날을 보낼 뿐이며 흉년이 한번 들기만 하면 아예 살아갈 수가 없습니다. 이렇게 그저 죽지 않을 수 있을까 걱정하기도 버거운데 어떻게 예를 말하고 의를 말할 수 있겠습니까?"

마지막으로 맹자는 양 혜왕에게 했던 말을 처음부터 끝까지 그대로 제 선왕에게 들려주면서 '왕 노릇할' 방법과 이상을 묘사합니다.

"왕께서 그것을 하고자 하신다면 그 근본으로 돌아가셔야 합니다. 다섯 묘의 논밭을 가진 농가에서는 뽕나무를 가꾸고 누에를 쳐서 실을 뽑아 오십 세 이상의 사람이 비단옷을 입을 수 있습니다. 논밭에서 가축도 기를 수 있어, 새끼를 치는 때를 놓치지 않으면 칠십 세 이상의 노인이 정기적으로 고기를 먹을 수 있습니다. 백 묘의 토지를 가진 농가에서는 때에 맞추어 농사짓고 수확하면 여덟 명으로 이뤄진 가족이 굶주리지 않을 수 있습니다. 나라의 교육에 신경 쓰고 특히 효제孝悌의 책임감을 심어 준다면 백발의 노인이 길에서 짐을 짊어지지 않아도 됩니다. 노인이 비단옷을 입고 고기를 먹으며, 백성이 배고프지 않고 춥지 않은데도 왕 노릇을 하지 못했던 자는 없었습니다."

"王欲行之, 則盍反其本矣. 五畝之宅, 樹之以桑, 五十者可以衣帛矣. 鷄豚狗彘之畜, 無失其時, 七十者可以食肉矣. 百畝之田, 勿奪其時, 八口之家可以無飢矣. 謹庠序之教, 申之以孝悌之義, 頒白者不負戴於道路矣. 老者衣帛食肉, 黎民不飢不寒, 然而不王者, 未之有也."

논리로 궤변과 싸우다

맹자는 참으로 물 흐르듯 유창한 웅변을 하지만 궤변을 사용한 적은 없습니다. 그는 혜시惠施, 공손룡公孫龍 같은 사람들과 대략 같은 시대를 살았지요. 맹자의 웅변술 또한 이러한 사람들이 사용한 언어나 논점과 겹치는 지점이 있기도 합니다만, 거기엔 근본적인 차이가 있습니다. 맹자는 그의 주장을 널리 알리기 위해서, 당시에는 맞지 않는 신념을 밀어붙이기 위해서 논변했다는 점입니다. 첫째, 맹자는 '논변을 위한 논변'을 하거나 단순히 말재간으로 상대방을 꺾기 위해 논변을 한 적이 없습니다. 둘째, 맹자는 시종일관 명확한 논리적 사고방식을 유지하여, 연막을 피워 그 혼란 속에서 편의를 도모하는 짓을 절대 하지 않았습니다.

그의 웅변은 중국 역사상 극히 드물게 발견되는 일종의 논리적 자신감에서 온 것입니다. '양주楊朱와 묵적墨翟을 거부'함으로써 유명해진 맹자는 양주의 '나만을 위하라'는 위아설爲我說과 묵자의 '모두를 사랑하라'는 겸애설兼愛說 그리고 왕도 백성과 똑같이 농사지어 밥을 해 먹어야 한다고 주장했던 허행許行의 농가農家마저 모두 거침없이 성토했습니다. 신념의 차이 외에도 소홀히 해서는 안 되는 것은 논리에서 비롯된 동기입니다. 앞에서 말한 학설들은 모두 검증을 견뎌 낼 논리의 기초가 부족했습니다. 지나치게 간단했고 자기 자신의 주장만이 옳다고 믿었지요. 맹자의 논리적 자신감과 탐구는 맹자가 이렇게 여러모로 충실하지 못한 학설들이 세상을 쥐고 흔들어 대는 것을 유달리 참을 수 없게 만들었습니다.

법가法家가 왕성하던 시대를 맹자가 보지 못한 것이 참으로 안타깝습니다. 그 시대를 봤다면 맹자는 또 같은 입장에 서서 논변으로 법가에 도전했겠지요. 양 혜왕과 제 선왕은 이후의 법가와 마찬가지로 논리상 직선적으로 사고하는 결점이 있었습니다. 부국강병을 이루려면 기필코 끊임없이 이웃 나라를 침략해야 하고, 더 넓은 토지를 차지해야 하며, 더 많은 백성을 가져야 한다고 생각했습니다. 맹자는 이런 논리는 단지 얻는 것만을 볼 뿐, 얻기 위해서 치르는 대가와 후에 일어날 부작용을 고려하지 않는다는 점을 일깨웁니다. 논리와 이론만 보더라도 맹자는 이러한 주장을 받아들일 수가 없었습니다.

맹자가 양주의 주장에 격렬하게 반대한 이유의 일부는 양주의 논리에 조리가 없기 때문입니다. 위아설은 자기 자신에게 좋아야 합니다. 그러므로 세상의 모든 좋은 것이 자기 자신에게 있어야 하며, 절대 남에게 나눠 주지 않고 절대 남을 행복하게 하지 않습니다. 이렇게 단순하고 성긴 논리가 현실에서 어떻게 통용되고 실행될 수 있을까요? 어떻게 정말로 자기한테 좋고, 자기를 보호하고, 자기의 이익을 늘리는 결과를 가져올 수 있을까요?

전통적으로 맹자는 지성至聖인 공자의 뒤를 이은 아성亞聖으로 불립니다. 하지만 그 역할로 보자면 맹자와 공자 사이에는 이미 지대한 차이가 있지요. 맹자는 전국 시대에 공자처럼 교육자의 신분으로 활동하지 않았습니다. 맹자가 공자로부터 계승한 부분은 공교롭게도 공자가 일생 중 가장 쓰라린 패배를 맛봤던 부분, 즉 군주에게 이념을 전달하고자 정치 유세를 펼친 부분입니다. 공자는 정신없이 여러 나라를 돌아다니며 수많은 군주에게 수많은 도리를 얘기했지만, 결국 그 어떤 군주에게서도 신임을 받아 중용되지 못했지요.

바로 이 점에서 맹자는 공자와 닮았고, 심지어 다소 비극적인 좌절이라는 결과조차도 비슷합니다. 비록 당시 최고의 논변술을 지녔고 명석한 두뇌로 군건한 신념을 견지했지만, 평생 동안 최선을 다하고도 맹자는 앞에서 언급된 양 혜왕과 제 선왕을 포함해서 단 한 명의 군주도 진실로 자신의 가르침을 따라 인정을 베풀도록 설복하지 못했습니다.

그러나 공자와 마찬가지로, 길고 긴 역사의 관점으로 보면 맹자의 실패는 결코 평범하지 않습니다. 설령 어떤 군주도 설득하지는 못했어도, 그의 웅변이 실제로 현실에서 구체적인 정치 권력을 가진 사람들을 마주하고 한 말이기 때문입니다. 따라서 그 내용은 서재에 앉아 쓴 것보다 훨씬 더 생생하지요. 공자와 맹자 모두 신념을 지닌 이상주의자였지만, 그들의 정치 주장은 절대 환상에서 나오지 않았습니다. 오히려 현실적이기 짝이 없는 권력과 마주하고 맞서는 과정에서 생겨났지요. 이는 분명히 일종의 현실적 이상주의 혹은 이상적 현실주의입니다.

그 밖에도 이런 경험은 맹자의 화법을 능수능란하게 그리고 풍부하면서도 다채롭게 만들었습니다. 또한 맹자의 말을 기록한 이 책을 남달리 뛰어나게 하였으며, 그저 평면적인 기록이 아닌 입체적인 책이 되도록 했습니다. 이 말은 우리가 맹자가 한 말의 내용을 읽을 수 있고, 맹자가 웅변하는 방법을 분석할 수 있고, 맹자가 말하는 상황과 맥락을 분석할 수 있다는 뜻입니다. 이는 『맹자』보다 약간 늦은 시대에 나온 『노자』나 『순자』 혹은 『한비자』 등에는 더 이상 있을 수 없는 입체적 읽기의 즐거움이지요.

선善은 모든 사람의 공통된 바람

『맹자』「등문공 상」滕文公上의 첫 번째 편은 주의해 볼 만한 특수한 상황입니다.

등 문공이 세자가 되어 초나라로 가던 도중 송나라에 들러 맹자를 만났다. 맹자가 인성의 선함을 논하면서 말마다 반드시 요순을 언급했다.

滕文公爲世子, 將之楚, 過宋而見孟子. 孟子道性善, 言必稱堯舜.

이 일은 등나라 문공이 아직 즉위하기 전, 세자의 신분이었을 때 발생한 일입니다. 등 문공은 초나라로 가기 위해 송나라를 지나가던 중 마침 송나라에 있던 맹자를 만나게 됩니다. 등나라는 아주 작은 나라였고, 초나라는 매우 큰 나라였지요. 지리 또한 초나라와 매우 가까웠습니다. 이러한 기본 조건을 이해하면 우리는 곧 등나라의 세자였던 등문공이 초나라에 간 이유가 두 가지밖에는 없다는 걸 짐작할 수 있습니다. 첫째, 초나라에게 잘 보이기 위해서입니다. 더 중요한 둘째 이유는 인질이 되어 초나라의 신뢰를 얻기 위해서입니다. 이렇게 우리는 당시 맹자를 만난 등 문공의 심경이 어땠을지 충분히 상상할 수 있습니다.

세자였던 등 문공을 만났을 때, 맹자는 그에게 '인성의 선함'의 이치를 설명하고, 그 화제 내내 요임금과 순임금 이야기에서 벗어나지 않습니다. 이 두 가지가 맹자와 등 문공 간의 담화에서 중요한 점입니다.

세자가 초나라에서 돌아가며 맹자를 다시 만났다. 맹자가 말했다. "세자께서는 저의 말을 의심하십니까? 무릇 도는 하나뿐입니다. 성간成覵이 제 경공에게 이렇게 말했습니다. '저 사람도 사내이고 저도 사내입니다. 제가 어찌 저 사람을 두려워하겠습니까?' 안연顏淵은 이렇게 말했지요. '순임금은 누구이며 나는 누구인가? 하려고 하는 사람이 있다면 또한 이와 같을 것이다.' 공명의公明儀는 이렇게 말했습니다. '문왕文王은 나의 스승이다. 주공이 어찌 나를 속이겠는가?'"

世子自楚反, 復見孟子. 孟子曰 "世子疑吾言乎? 夫道一而已
矣. 成覸謂齊景公曰 '彼, 丈夫也. 我, 丈夫也. 吾何畏彼哉?' 顏
淵曰 '舜何人也, 予何人也, 有爲者亦若是.' 公明儀曰 '文王,
我師也, 周公豈欺我哉?'"

등나라의 세자가 초나라에서 등나라로 돌아가면서 다
시 한 번 맹자를 만나러 갑니다. 상상력을 조금만 발휘해
보면 이때 그의 심경이 전과는 전혀 다르리라는 점을 알 수
있습니다. 초나라처럼 크고 강력한 나라에서 자신의 생명
을 온전히 보전하여 떠나왔다는 것은 구사일생으로 겨우
살아난 것과 마찬가지이니 반드시 남다른 감회가 있었겠지
요. 그 얼굴을 보고 맹자는 다음과 같이 말합니다. "세자께
서는 제가 한 말을 의심하십니까?" 맹자는 왜 이렇게 말했
을까요? 왜냐하면 맹자는 등나라의 세자가 자신이 말해 준
충고와 가르침에 감사 인사를 전하기 위해 온 것이 아니라
마음속에 의심과 곤혹이 있어 자신을 다시 찾았다는 것을
잘 알고 있기 때문입니다.

등나라의 세자가 의심하는 것은 무엇이고, 진정으로
받아들일 수도 믿을 수도 없는 것은 무엇일까요? 그것은 지

난번 맹자를 처음 만났을 때 맹자가 말끝마다 입에 담았던 '요임금과 순임금'입니다. 요순은 고대의 이상적인 성군이고, 등나라는 작은 나라입니다. 초나라를 상전 모시듯 예를 다하여 섬겨야 하며, 문제가 발생했을 때는 전전긍긍하며 본국의 세자를 인질로 보내야 하는 약소국이지요. 그런데 맹자는 장래 이런 최약체 국가의 군주가 될 세자에게 무엇하러 요임금과 순임금을 들먹이며 큰소리를 친 걸까요?

맹자는 이러한 세자의 의혹을 잘 알고 있습니다. 그래서 자신의 말을 증명하기 위해 세자에게 세 사람의 이야기를 들려줍니다. 첫째는 제나라의 용사이자 씨름의 고수 성간成覵입니다. 제 경공이 성간에게 "다른 선수들과 씨름을 할 때 무섭지 않은가?"라고 물어보니 성간의 대답은 이러했습니다. "저의 상대도 남자이고, 저 또한 남자인데 제가 무엇을 무서워하겠습니까?" 즉 사람과 사람 사이의 싸움일 뿐, 맹수와의 싸움도 아니요, 신과의 대결은 더더욱 아닌데 무서워할 것이 없다는 말이지요.

똑같은 논리가 안연顏淵의 태도에도 나타납니다. 그는 이렇게 말하지요. "순임금도 사람이고 나도 사람이니 다른 것이 없구나. 내가 행동하려고 하면 마땅히 순임금처럼 할 수 있을 것이다." 성간은 서로 겨루는 힘이나 기술로 볼 때 사람과 사람 사이에 뛰어넘을 수 없는 차이가 없다고 말합니다. 안연은 도덕과 정치 행위에서 사람과 사람 사이에 뛰어넘을 수 없는 차이가 없다고 말합니다. 사람인 순임금이 해낼 수 있는 일을 똑같은 사람인 내가 해내지 못할 이유가 없으니, 자신에게 절대 하지 못한다는 핑계를 줄 수는 없다는 말이지요.

그리고 공명의公明儀가 있습니다. "나는 문왕文王을 인정하여 본받고자 하는데, 설마 내가 주공周公만 못하겠는가?" 주공은 문왕의 아들로서 그 업적이 문왕에 버금갑니다. 그러나 문왕의 언행과 덕성은 그의 아들인 주공만 배우고 본받을 수 있는 게 아닙니다. 문왕을 본받겠다는 이 일에 대해 공명의는 주공과 똑같은 자격이 있으므로 열등감을 느낄 필요가 없습니다. 같은 원리로 말하자면 문왕도 사람이고, 주공도 사람이며, 공명의도 사람입니다.

이 세 단락은 똑같이 두 가지 일을 말하고 있습니다. 첫째는 인간이라는 공통성입니다. 성인도 우리와 똑같은 사람이라는 뜻이지요. 둘째, 일단 인간이라는 공통성이 확립되기만 하면 곧 한 자락 의지가 생길 수 있고, 생길 수밖에 없습니다. 저 멀리 있는 요임금과 순임금을 숭배하며 공경하여 떠받드는 것이 아니라, 그렇다면 나 또한 노력하여 요임금과 순임금의 업적을 이루어 보겠다는 의지 말입니다. 요임금과 순임금이 행한 일들을 하지 못한다면, 나 자신과 요임금과 순임금이 함께 가진 공통 조건에 면목이 없겠죠.

"맹자가 인성의 선함을 논하면서 말마다 반드시 요순을 언급했다"라는 구절도 이렇게 해석할 수 있습니다. '인성의 선함'性善이란 모든 사람이 내적으로 가지고 있으며, 요임금과 순임금과 마찬가지로 선한 본성을 가리킵니다. 이는 서로 하나이지 둘이 아닙니다. 초나라로 가기 전 등나라 세자는 마음에 대국인 초나라와 소국인 등나라의 현실에 대한 참담함만이 가득했는데, 맹자가 이러한 현실은 옆으로 제껴 두고 그에게 요임금과 순임금의 업적이라는 고매하고 원대한 목표를 안겨 줄 줄은 생각도 못했습니다. 초나라에서 등나라로 돌아갈 때, 등나라의 세자는 맹자를 다시 찾지 않을 수 없었습니다. 맹자가 등 문공에게 보낸 격려와 기대를 혹시 잘못 듣거나 오해를 한 것은 아닌지 확인해야 했으니까요.

맹자는 매우 적극적으로 설명합니다.

맹자가 말했다. "지금의 등나라가 긴 것을 잘라 짧은 것을 보충한다면 오십 리가 될 테니 그렇다면 좋은 나라가 될 수 있습니다. 『상서』에는 '만약 약을 먹고 어지럽지 않다면 그 병은 낫지 않는다'라는 말이 있습니다."

"今滕, 絶長補短, 將五十里也, 猶可以爲善國. 『書』曰'若藥不瞑眩, 厥疾不瘳.'"

등나라는 지리적으로 긴 곳을 잘라 짧은 곳에 보충하면 대략 사방 오십 리 정도 되는 나라입니다. 그러니까 '오십 리라고 말할 수 있다'라는 뜻으로 진실로 작다는 말입니다. 맹자가 양 혜왕에게 "백 리의 땅에서도 왕 노릇은 할 수 있습니다"라고 말한 최저 기준에 비하면 다시 그 절반밖에 되지 않지요. 맹자는 등나라의 규모를 아주 잘 이해하고 있었습니다. 등나라가 제나라가 아님을, 양나라가 아님을, 초나라가 아님을 너무나 잘 알았으며, 잘못 짚지도 않았습니다. 등나라의 세자를 어디 대국의 군주로 보고 요임금과 순임금을 본받으라고 격려한 것이 아니지요. 등나라처럼 작은 나라라도 요임금과 순임금의 업적을 따를 수 있고 선정을 베풀 수 있다고 생각한 것입니다.

'선정'善政은 '인성의 선함'과 연관되어 나온 것입니다.

맹자는 "인성의 선함을 논"하며 인간의 본성이 착하다는 것을 믿었는데, 이는 그의 이론상 논리적으로 필요합니다. 선정을 펼쳐 선량한 사회를 만든다면 무엇에 근거해야 할까요? 모든 사람이 공통적으로 '선'善에 대해 가진 판단과 그 '선'에 대한 바람입니다. 우리가 아름다운 사물에 똑같이 아름답다는 감정을 느끼고 똑같이 아름다운 기대를 가지는 것, 이것이 '인성의 선함'에 대한 증거입니다. 선善을 누리고 추구한다는 점에서 사람은 가장 보편적으로 가장 강렬하게 공통점을 드러냅니다. 그리하여 우리는 공공의 일을 어떻게 처리하면 개개인의 마음속에 깃든 선에 대한 인정과 바람과 기대를 실현하고, 그렇게 함으로써 호응과 지지를 얻을 수 있는지 압니다.

맹자는 등 문공의 의심을 알고 있습니다. '우리나라같이 보잘것없는 나라에서 할 수 있을까? 우리나라는 이렇게 작은데, 견뎌 낼 수 있을까?' 맹자는 『상서』「열명」說命의 구절을 인용하여 등 문공을 위로합니다. "약을 먹은 후 어지럽지 않다면 그건 병을 낫게 하는 약이 아닙니다." 선정을 베푸는 동안 겪는 분란과 파문을 걱정하지 말라고, 그것은 오히려 국정 운영이 정상 궤도에 들어서 있다는 표시라고요.

문제에 부딪혔을 때, 병을 마주하였을 때, '병세가 이렇게 심각한데 내가 뭘 어쩌겠어?'와 같은 소극적인 태도를 취하는 것을 맹자는 극력 반대합니다. 위중한 병세는 이따금 그 병을 계속 앓게 하는 핑계가 되지요. 병을 앓은 지 오래되고 병세가 심하면 사람은 건강해지려는 의지를 잃습니다. 약하고 하찮은 자신을 늘상 보게 되면, 강해지고 훌륭해지려는 노력을 하지 않는 자신을 쉽사리 용서하게 됩니다. 등나라의 세자도 이런 위축되고 소극적인 마음을 가지고 있음이 분명했습니다. 나라가 이렇게 작은데, 대국 사이에서 간신히 목숨을 부지하는 것도 대단한 일이거늘 여기서 뭘 더 할 수 있겠으며, 혹시나 괜히 이리 치이고 저리 치여 제 무덤을 스스로 파게 될지도 모른다는 거죠. 맹자는 그가 계속 이렇게 위축되고 걱정하지 못하게 합니다.

『맹자』「이루 상」離婁上에는 이런 구절이 있습니다.

"지금 왕 노릇을 하려는 자는 마치 7년 된 병을 고치기 위해 3년 묵은 약쑥을 구하려는 것과 같습니다. 만약 기르지 않는다면 평생 얻을 수 없을 것입니다. 만약 인仁에 뜻을 두지 않는다면 평생을 근심하며 치욕을 당하여 죽음에 이르게 될 것입니다."

"今之欲王者, 猶七年之病求三年之艾也. 苟爲不畜, 終身不得. 苟不志於仁, 終身憂辱, 以陷於死亡."

이미 칠 년이나 된 병이고 이 병을 고치려면 반드시 삼 년은 자란 특수한 약초가 필요합니다. 바로 병이 이렇게 오래되었기에, 스스로 삼 년을 더 기다리지는 못한다고 여기고 되는대로 아무 효과도 없는 다른 약을 쓰거나 아니면 이미 "삼 년 묵은 약쑥"을 찾아 헤맵니다. 이런 방법은 모두 병을 제대로 고치지 못합니다. 병을 완전히 낫게 하려면, 병에 걸린 지 얼마나 되었든 병세가 얼마나 위독하든 먼저 마음을 진정시키고, 지금부터 그 약초를 가져다가 심은 다음 마땅히 기다려야 할 삼 년을 기다려야 합니다.

어떤 병자는 이렇게 말할지 모릅니다. "이미 칠 년이나 앓았는데 삼 년을 기다릴 시간이 또 어디 있어?" 이것이 진정으로 병자를 죽이는 핑계일지 모릅니다. 다시 돌아가서 생각해 봅시다. 만약 병자가 인내심을 가지고 올바른 방법을 사용하여 병을 치료하고자 한다면, 필요한 것은 그저 삼 년이라는 시간입니다. 삼 년 전에 이 점을 깨달은 병자가 참을성을 가지고 "삼 년 묵은 약쑥"을 길렀다면, 지금은 병이 진작 다 나아서 회복되지 않았겠습니까? 그런데 왜 병이 칠 년째 머물러 있는 걸까요? 삼 년 전에 "이미 사 년이나 앓았는데, 삼 년을 기다릴 시간이 또 어딨어?"라고 말한 병자의 태도 때문이 아닐까요? 삼 년을 기다리기 원치 않으면, 잘못을 바로잡고 옳은 길로 걸어가고자 하는 결심을 하고 싶어 하지 않으면, 개인이든 사회든 상황은 점점 악화될 따름입니다.

『맹자』「이루 상」에는 또 다른 단락이 있습니다.

"스스로 해치는 자와는 말할 수 없고 스스로 저버린 자와는 일할 수 없다. 예와 의가 아닌 것을 일러 스스로 해쳤다고 한다. 내 자신이 인에 머무르고 의로 말미암지 못하는 것을 일러 스스로 저버렸다고 한다."

"自暴者, 不可與有言也. 自棄者, 不可與有爲也. 言非禮義, 謂之自暴也. 吾身不能居仁由義, 謂之自棄也."

이 부분이 바로 성어 '자포자기'自暴自棄의 유래입니다. 맹자에게 "스스로 해친다"라는 말은 예와 의를 믿지 않고 반대하는 것이며, "스스로 저버리다"라는 말은 인과 의의 원칙에 따라 세상을 살아가며 일을 할 수 있는 자신의 능력

을 믿지 않음을 의미합니다. 이러한 사람은 의지도 없을뿐
더러 그렇기 때문에 건강한 생활로 돌아갈 기회조차 없어
집니다.

어둠 속의 횃불

분업은 문명 사회의 정상적인 상태

이어서 맹자가 어떻게 농가農家의 주장에 반박했는지
보겠습니다. 전국 시대의 백가百家 중에 '농가'가 있기는 하
나, 농가에서 구체적이고 직접적인 기록과 사료를 남기지
않은 까닭에 간접 기록을 통해 이해할 수밖에 없습니다.
『맹자』는 비록 반대 입장에서 출발하지만, 우리가 농가의
면모를 복원하는 데 큰 도움을 줍니다. 그리고 동시에 왜
농가가 직접적인 사상 기록을 남기지 않았는지도 충분히
이해할 수 있게 해 줍니다.

신농의 말을 행하는 사람인 허행이 초나라에서 등나라로 가

문 앞에 이르러 문공에게 고하였다. "먼 곳의 사람이 왕께서
인정仁政을 베푸신다는 말을 듣고, 밭을 하나 얻어 백성이 되
고자 합니다." 문공이 그에게 처소를 주었다.

有爲神農之言者許行, 自楚之滕, 踵門而告文公曰 "遠方之
人, 聞君行仁政, 願受一廛而爲氓." 文公與之處.

신농神農의 학설을 따르는 허행이라는 사람이 초나라
로부터 등나라에 이주해 왔습니다. 허행이 등 문공을 배알
하며 말합니다. "저는 먼 곳에서 온 사람으로 왕께서 인정
仁政을 베푸신다고 들었습니다. 여기서 소박하게 머물 곳을
얻어 왕의 백성이 되기를 진실로 바랍니다." 등 문공은 그
에게 살 곳을 마련해 주었습니다. 맹자가 "말마다 반드시
요순을 언급했다"라고 한다면 허행은 확실하게 '말마다 반
드시 신농을 언급했다'라고 할 수 있습니다. 이런 기록은
모두 전국 시대의 사상과 언어의 습관이라고 할 수 있는데
요, 즉 의견이나 주장이 있다면 "나는 이렇게 저렇게 생각
한다"라고 말하지 않고 "고대에 이렇게 저렇게 주장한 성
왕聖王이 있습니다"라고 말했습니다. 과거를 따르고 성인을
숭상하는 사상으로 인해, 과거와 성인은 말의 권위가 나오

는 중요한 출처였기 때문입니다. 허행이 의탁한 권위인 신농은 시간상 맹자의 요임금과 순임금보다 더 오래된 성인입니다.

그 따르는 무리가 수십 명이었는데, 모두 거친 삼베옷을 입고 짚신을 삼고 돗자리를 짜 먹고살았다. 진량의 제자 진상과 그의 아우 진신은 가래와 쟁기를 짊어지고 송나라에서 등나라로 가서 말하였다. "왕께서 성인의 정치를 베푸신다는 말을 들었는데 역시 성인이십니다. 성인의 백성이 되기를 원합니다." 진상이 허행을 만나 크게 기뻐하니 배운 것을 모조리 버리고 허행에게 배웠다.

其徒數十人, 皆衣褐, 捆屨織席以爲食. 陳良之徒陳相與其弟辛, 負耒耜而自宋之滕, 曰 "聞君行聖人之政, 是亦聖人也, 願爲聖人氓." 陳相見許行而大悅, 盡棄其學而學焉.

허행은 혼자 온 것이 아니라 제자 수십 명을 데리고 왔습니다. 이미 학파를 형성했지요. 제자들은 거친 삼베 옷을 입었으며 짚신과 돗자리를 짜서 생계를 유지했습니다. 이때 진량陳良의 제자 진상陳相이 자신의 남동생 진신陳辛과 함께 농기구를 짊어지고 등나라에 왔습니다. 등 문공이 선비와 식견 있는 자를 잘 대접한다는 소문이 자자해 각지의 인재가 일시에 등나라로 몰려왔음이 드러납니다. 진상도 등 문공에게 이렇게 얘기합니다. "듣자니 왕께서 성인의 정치를 베푸신다고 합니다. 성인의 정치를 할 수 있다는 것은 곧 성인과 같다는 뜻이지요. 저희는 진심으로 성인의 백성이 되길 원합니다." 진상은 이렇게 머무르게 된 후에 허행을 만나 크게 탄복하여 원래 진량에게 배운 것을 포기하고 허행의 제자로 들어가기에 이릅니다.

진상이 맹자를 만나 허행의 말을 논하며 말하였다. "등나라의 군주는 진실로 현명한 군주입니다. 그렇긴 하지만 아직 도는 듣지 못했습니다. 현명한 이는 백성과 함께 농사지어 먹으니 아침저녁으로 밥을 하면서 다스립니다. 지금 등나라에는 곡식과 재물을 쌓아 두는 창고가 있으니 이는 백성을 괴롭혀 스스로 부양한 것입니다. 어찌 현명하다 하겠습니까?"

陳相見孟子, 道許行之言曰 "滕君, 則誠賢君也, 雖然, 未聞道也. 賢者與民並耕而食, 饔飧而治. 今也滕有倉廩府庫, 則是厲民而以自養也, 惡得賢?"

이때 맹자도 마침 등나라에 있었고, 맹자와 진상의 예전 스승인 진량은 같은 유가에 속했습니다. 진량은 남쪽 지방에서 이름이 알려진 유자儒者였습니다. 이러한 인연 덕분에 진상도 맹자와 서로 만났습니다. 맹자를 만나자마자, 진상은 흥분하면서 새롭게 스승으로 모신 허행이 한 말을 설명합니다. "등 문공은 확실히 현명한 군주이지만 아직 진정한 이치를 깨닫지 못해 안타까울 뿐이지요. 진정으로 현명한 군주는 평민과 함께 농사를 지어 자기 자신을 부양하며, 손수 밥을 지으며 나라를 다스립니다. 그러나 지금 등 문공은 자신이 경작하지도 수확하지도 않으면서 등나라에 곡식 창고와 재화 창고를 두고 있으니, 이는 백성을 착취하여 자기 자신을 봉양한 것인데 진실로 현명하다고 할 수 있겠습니까?"

진상이 맹자에게 전한 말이 바로 농가의 기본 주장입니다. 농사를 일체의 근본으로 삼아, 심지어 한 나라의 군주마저도 땅으로 돌아가 자신이 먹을 것은 자신이 경작합니다. 이렇게 누구나 자신의 힘으로 생활하고 누구나 평등하며 누구도 타인의 생산물을 빼앗지 않으면, 천하는 태평해집니다. 진상은 허행의 이 주장이 진정으로 옳다고 믿었습니다. 그는 이 주장으로 맹자를 설득해 맹자가 자신과 마찬가지로 유가에서 농가로 전향하길 바랐습니다. 또한 등문공이 맹자의 격려와 자극을 받아 대대적으로 학식 있는 선비를 초빙하였으므로, 진상은 맹자를 설복시킴으로써 등문공에게도 영향이 미치길 희망했습니다.

그러나 진상은 사람을 잘못 찾아왔습니다. 맹자는 진상의 이야기를 듣고, 옳다 그르다 혹은 동의한다 반대한다 같은 말을 하지 않은 채 먼저 진상에게 연달아 묻습니다.

맹자가 말하였다. "허자는 반드시 곡식을 심은 다음에 드십니까?" 답하였다. "그렇습니다." "허자는 반드시 길쌈을 한 후에 입으십니까?" 답하였다. "아니요. 허자는 삼베옷을 입으십니다." "허자는 관을 쓰십니까?" 답하였다. "쓰십니다." 말하였다. "무슨 관입니까?" 답하였다. "흰색 관입니다." 말하였다. "스스로 그것을 짭니까?" 답하였다. "아니요. 곡식으로 그것과 바꿉니다." 말하였다. "허자는 어찌하여 스스로 관을 짜지 않으십니까?" 답하였다. "경작에 방해가 됩니다." 말하였다. "허자는 가마솥과 시루로 밥을 하시고, 쇠로 경작을 하십니까?" 답하였다. "그렇습니다." 말하였다. "그것을 스스로 만드십니까?" 답하였다. "아니요. 곡식으로 그것과 바꿉니다."

孟子曰 "許子必種粟而後食乎?" 曰 "然." "許子必織布而後衣乎?" 曰 "否, 許子衣褐." "許子冠乎?" 曰 "冠." 曰 "奚冠?" 曰 "冠素." 曰 "自織之與?" 曰 "否, 以粟易之." 曰 "許子奚爲不自織?" 曰 "害於耕." 曰 "許子以釜甑爨, 以鐵耕乎?" 曰 "然." "自爲之與?" 曰 "否, 以粟易之."

한 걸음 한 걸음 압박해 들어오는 연이은 질문과 대답이 훌륭합니다. 두뇌가 명석한 사람이라면 대화의 반만 읽어도 맹자의 뜻을 이해할 겁니다.

"허 선생은 반드시 자신이 직접 곡식을 심으신 뒤에야 드십니까? 다른 사람이 심은 곡식은 드시지 않습니까?" "네."

"허 선생은 반드시 자신이 직접 베를 짜서 옷을 입으십니까? 다른 사람이 지은 옷은 입지 않습니까?" "아니요. 허 선생은 (다른 사람이 지은) 거친 삼베옷을 입으십니다."

"허 선생은 모자를 쓰십니까?" "쓰십니다." "어떤 모자입니까?" "흰색 천으로 만든 모자를 쓰십니다." "직접 만드십니까?" "아니요. 곡식으로 바꿔 온 것입니다." "왜 직접 만들지 않으십니까?" "그러면 선생이 농사를 짓는 데 방해가 됩니다. 선생은 모자를 짜실 시간이 없습니다."

"허 선생은 옹솥으로 밥을 짓고, 철제 농기구로 농사를 지으십니까?" "그렇습니다." "조리 기구와 농기구는 허 선생이 직접 만드셨습니까?" "아니요. 곡식으로 바꿔 온 것입니다."

"곡식을 각종 기구로 바꾼다고 옹기장이나 대장장이를 괴롭히는 것은 아닙니다. 옹기장이나 대장장이가 또한 그 기구로 곡식을 바꾼다고 어찌 농부를 괴롭히는 것이겠습니까? 그리고 허자는 어찌 도기를 굽고 쇠를 두드려 모두 집에서 가져다 쓰려고 하지 않으십니까? 어째서 부산스럽게 온갖 장인과 교역하십니까? 왜 허자는 그것을 번거롭게 여기지 않습니까?" "온갖 장인의 일은 결코 경작과 함께 할 수 없습니다."

"以粟易械器者, 不爲厲陶冶. 陶冶亦以其械器易粟者, 豈爲厲農夫哉? 且許子何不爲陶冶, 舍皆取諸其宮中而用之? 何爲紛紛然與百工交易? 何許子之不憚煩?" 曰 "百工之事, 固不可耕且爲也."

맹자는 여기서 방식을 바꾸어 질문합니다. "허 선생은 곡식을 각종 기구나 도구로 바꾸는 것이 옹기장이나 대장장이를 착취하는 건 아니라고 생각하시는 게 틀림없군요. 그렇다면 뒤집어서 옹기장이나 대장장이가 그들이 만든 각종 기구나 도구를 곡식으로 바꾸는 것이 설마 농부를 수탈하는 일이겠습니까?" 이 말은 결국 옹기장이와 대장장이 또한 자기가 직접 농사지어 먹고살지 않는다는 뜻입니다. "그리고 허 선생은 왜 직접 그릇을 굽거나 쇠를 쳐 모든 것을 자신의 집에서 만들어 쓰지 않고 왜 다른 사람과 이리 바꾸고 저리 바꾸고 시간과 정력을 낭비하는지 모르겠습니다. 선생은 귀찮아하지 않으십니까?" 맹자의 계속되는 질문을 진상은 따라잡지 못하고 마지막 질문만 잡아 겨우 대답합니다. "왜냐하면 농사를 지으면서 이러한 기술자들의 일까지 할 수 없기 때문입니다."

"그렇다면 오직 천하를 다스리는 일만 농사와 같이 할 수 있습니까? 대인의 일이 있고 소인의 일이 있습니다. 그리고 한 사람의 몸에 여러 장인이 만든 것이 갖추어져야 하는데, 만일 반드시 스스로 만든 후에 그것을 사용해야 한다면 이는 천하의 사람을 피곤하게 하는 일이 됩니다. 그래서 '혹은 마음을 쓰고, 혹은 힘을 쓴다. 마음을 쓰는 자는 사람을 다스리고 힘을 쓰는 자는 사람에게 다스려진다. 사람에게 다스려지는 자는 사람을 먹이고, 사람을 다스리는 자는 사람이 먹인다'라고 합니다. 천하에 통하는 법도이지요."

"然則治天下獨可耕且爲與? 有大人之事, 有小人之事. 且一人之身, 而百工之所爲備, 如必自爲而後用之, 是率天下而路也. 故曰 '或勞心, 或勞力. 勞心者治人, 勞力者治於人. 治於人者食人, 治人者食於人.' 天下之通義也."

여기까지 오면 진상이 펼친 논리의 모순이 명확해집니다. 맹자는 재차 묻지요. "그렇다면 유독 국가와 천하를 다스리는 일만이 경작과 함께 할 수 있다는 말입니까? 그대는 각각 다른 지위에 있는 사람이 각자 다른 일을 맡는다는 걸 모르십니까?" 맹자는 분담하고 협력하는 사회 원칙을 일깨웁니다. "우리 개인 한 사람에게 필요한 것은 다수의 각각 다른 장인에게 의지해야만 구비할 수 있습니다. 만약 모든 물건을 하나하나 직접 만들어야 한다면 그것은 모든 사람을 분주하게 뛰어다니게 하여 쉴 새 없이 바쁘게 하겠지요. 그래서 '어떤 사람은 마음을 쓰고 어떤 사람은 힘을 쓴다. 마음을 쓰는 사람은 다른 사람을 통솔하고 관리하며, 힘을 쓰는 사람은 다른 사람에게 통솔되고 관리된다. 통솔되고 관리되는 사람은 먹을 것을 제공하고, 통솔하고 관리하는 사람은 다른 사람에게 의지해 먹고산다'라는 말이 있는 겁니다. 천하의 공통 법칙이지요."

각종 장인 사이의 관계도 분업이고, 농부와 장인 사이의 관계도 분업입니다. 그런데 이것 말고 다른 차원의 분업이 있는데 그것은 "마음을 쓰는 자"와 "힘을 쓰는 자" 사이의 분업입니다. 허행은 다른 분업은 인정하면서도 마음을 쓰는 사람과 힘을 쓰는 사람의 분업은 이해하지도, 인정하지도 않습니다. 이는 마음을 쓰는 사람의 역할을 없애 버린 것이나 마찬가지이며, 또한 가장 큰 문제이기도 합니다.

허행은 곡식으로 장인이 만든 물건을 바꾸는 것은 당연하게 여기면서, 마음을 쓰는 사람과 힘을 쓰는 사람 사이 또한 일종의 교환 관계임을 전혀 보지 못합니다. 힘을 쓰는 사람은 노동을 제공해 마음을 쓰는 사람의 관리와 보호로 교환합니다. 그리하여 그들의 생산 활동에 필요한 질서를 유지하지요.

맹자의 말을 살펴보면 그가 말하는 "천하의 공통 법칙"이 마음을 쓰는 사람과 힘을 쓰는 사람 간에 이루어지는 분업과 교환이며, 나아가 넓게는 사회 분업 체계의 기본 원칙임을 알 수 있습니다. 그런데 이 말은 보통 앞뒤 맥락이 잘린 채 '마음을 쓰는 자는 사람을 다스리고 힘을 쓰는 자는 사람에게 다스려지는 것이 천하에 통하는 법도이다'라고만 인용되는데 이는 맹자의 뜻이 절대 아닙니다.

하나라 문명의 가치를 지키다

이어서 맹자는 역사적인 관점에서 왜 '마음을 쓰는 자는 다른 사람에 의지해 먹고사는지' 그 논변을 계속합니다.

"요임금의 시대에 천하는 아직 안정되지 않아 물이 넘치고 사방으로 흘러 천하에 범람하였습니다. 초목이 무성하고 금수가 번식하며 오곡이 익지 못하고 금수가 사람을 핍박했지요. 짐승의 발자국과 새 발자국이 난 길이 천하를 교차했고요. 요임금만이 홀로 이를 걱정하시어 순임금을 등용하여 다스리게 하셨습니다."

"當堯之時, 天下猶未平, 洪水橫流, 氾濫於天下. 草木暢茂, 禽
獸繁殖, 五穀不登, 禽獸偪人. 獸蹄鳥跡之道交於中國. 堯獨
憂之, 擧舜而敷治焉."

맹자는 여전히 "말마다 반드시 요순을 언급합니다."
그리고 이 문단에서 그려진 역사 상황은 은근히 "신농의 말
을 행한다"는 허행의 배경을 겨냥하기도 합니다.

"요임금의 시대에 천하는 온통 혼란의 도가니었습니
다. 홍수가 기승을 부려 물이 흘러넘치지 않는 곳이 없었지
요. 초목은 뒤죽박죽 아무렇게나 자라 무성하고 금수는 빠
른 속도로 번식을 하니 그 수가 경악을 금치 못할 정도였습
니다. 이러한 상황에서 농사라는 게 어떻게 될 수가 없어서
오곡을 기를 수 없었습니다. 거기다가 야생 동물의 서식지
와 사람 사는 곳이 이웃하여, 사방이 동물의 발자국과 흔적
으로 가득해 딱히 인간만의 문명 환경이 없었습니다. 요임
금은 특히 이를 우려하여 순임금을 발탁해 다스리게 하신
것이지요." 여기서 핵심은 "요임금만이 홀로 이를 걱정하
셨다"입니다. 즉 요임금의 성취와 공헌은 (신농을 포함한)

다른 사람이 걱정하지 않았던, 걱정해야 함을 몰랐던 때에 요임금만이 앞서서 순임금을 발탁하여 이러한 상황을 개선했다는 점에 있습니다.

"순임금이 익에게 불을 관리하게 하시니, 익이 산과 못을 태워 불을 질러 금수가 도망가서 숨었습니다. 우임금이 아홉 줄기의 강을 텄고, 제수濟水와 탑수灄水의 물길을 쳐 바다로 흐르게 하고, 여수汝水와 한수漢水를 트고, 회수淮水와 사수泗水를 정리하여 강으로 보낸 이후에야 천하에서 식량을 얻을 수 있었습니다. 그때 우임금은 팔 년을 밖에 계시면서 세 번 그 문을 지나도 들어가지 않으셨으니 농사를 짓고 싶었어도 그게 가능했겠습니까?"

"舜使益掌火, 益烈山澤而焚之, 禽獸逃匿. 禹疏九河, 瀹濟漯而注諸海, 決汝漢排淮泗而注之江, 然後中國可得而食也. 當是時也, 禹八年於外, 三過其門而不入, 雖欲耕, 得乎?"

"순임금이 익益을 시켜 불을 맡도록 하시니 익은 산과 들, 호수와 연못 이곳저곳에 불을 놓아 금수를 도망가도록 하였습니다." 이런 방법으로 초목과 금수가 인간의 생활을 방해하는 문제를 해결합니다. 그다음으로 홍수 문제를 해결하지요. "그리고 우임금은 아홉 줄기의 강을 트셨습니다. 제수濟水와 탑수漯水를 끌어 바다로 흐르게 하시고, 여수汝水와 한수漢水을 파셨으며, 회수淮水와 사수泗水를 양자강으로 흐르게 하셨지요. 이렇게 해서야 천하에 인구를 부양할 농사가 발전할 수 있었습니다. 그때 이 작업을 위해 우임금께서는 밖에서 팔 년을 기거하시며 당신의 집 대문 앞을 세 번이나 지나면서도 들어가 보지 못할 정도로 바쁘셨는데, 설사 우임금께서 경작을 하려 했어도 하실 수 있었겠습니까?" 분명히 팔 년 동안 우임금은 본인이 농사를 짓지 않았는데, 어떻게 살았을까요? 당연히 농사를 짓는 사람들이 먹을 것을 주었을 것입니다. 우임금이 이렇게 '다른 사람에게 의지해 먹고사는 것'을 그가 농부를 착취했다고 볼 수 있을까요? 우임금이 이렇게 고생하며 어렵사리 물길을 터놓은 후에야 범람하는 홍수가 물러가고 물에 잠겼던 토지가 드러나 경작을 할 수 있게 되었습니다. 만약 우임금이 '다른 사람에게 의지해 먹고살지' 않았다면, 누가 이런 일을 나서서 할 것이며 농부는 어디에서 경작을 할 수 있겠습니까?

"후직은 백성에게 씨를 뿌리고 곡식을 거두는 법을 가르쳤습니다. 오곡을 심고 가꾸어 오곡이 익자 백성은 사람을 기를 수 있게 되었습니다. 사람에게는 도가 있으니, 배부르게 먹고 따뜻하게 입으며 편안히 살면서도 가르침이 없다면 금수에 가까워집니다. 성인께서는 이를 걱정하시어 설을 사도司徒로 삼아 인륜을 가르치도록 했습니다. 부자유친父子有親, 군신유의君臣有義, 부부유별夫婦有別, 장유유서長幼有序, 붕우유신朋友有信이지요."

"后稷教民稼穡, 樹藝五穀, 五穀熟而民人育. 人之有道也, 飽食煖衣, 逸居而無教, 則近於禽獸. 聖人有憂之, 使契爲司徒, 教以人倫, 父子有親, 君臣有義, 夫婦有別, 長幼有序, 朋友有信."

후직后稷은 유가의 전통에서 농업에 큰 공로가 있는 신하입니다. 맹자는 후직을 들어 허행이 숭상하는 신농씨와 대비합니다. "요임금께서 또 후직을 보내시어 백성에게 파종과 수확 및 농업 전반에 관련된 기술을 가르쳤습니다. 오곡이 잘 자라 그 열매를 맺으니 백성에게 다음 세대까지 부양할 충분한 식량이 생겨 인구가 늘기 시작했지요." 하지만 이렇게 백성이 배부르게 먹고 자녀를 부양하면 그만일까요? 당연히 아니죠. "인간 생활의 원칙은 이렇습니다. 배부르게 먹고 따뜻하게 입고 편안하게 잘 지내는데 만약 규범을 가르치지 않는다면 동물과 다를 바가 없게 됩니다. 성인께서는 또한 이것을 우려하셔서 설契을 사도司徒로 임명하시어 백성에게 윤리를 가르치게 하셨습니다. 곧 서로 다른 관계에서 서로 다른 행동 기준이 되는 부자유친父子有親, 군신유의君臣有義, 부부유별夫婦有別, 장유유서長幼有序, 붕우유신朋友有信이지요."

"방훈께서는 말씀하셨습니다. '위로하고 따르게 하며, 바로 잡고 올곧게 하며, 도와주고 돌봐 주어 스스로 얻게 하고 또 그로부터 덕을 진작시킨다.' 성인이 백성을 걱정함이 이와 같았는데 어느 겨를에 밭을 갈았겠습니까?"

"放勳曰 '勞之來之, 匡之直之, 輔之翼之, 使自得之, 又從而振德之.' 聖人之憂民如此, 而暇耕乎?"

방훈放勳은 요임금입니다. 요임금은 백성을 대하는 방식을 이렇게 말합니다. "그들을 위로해 주고, 그들이 잘못을 고치도록 촉구하고, 그들을 관리하며, 곧게 잡아 주고, 올바르게 이끌고, 도움으로써 백성이 스스로 자기의 생업

과 생활을 세울 수 있게 한다. 그런 다음에 그들의 인품과
덕성을 한층 향상시킨다." 성인이 이러한 마음 자세로 백성
을 돌보며 아끼는데 밭을 갈 시간이 있을까요?

　　"요임금은 순임금을 얻지 못함을 자신의 걱정으로 삼고, 순
　　임금은 우임금과 고요를 얻지 못함을 자신의 걱정으로 삼았
　　습니다. 무릇 백 묘를 잘 경작하지 못하는 것을 걱정으로 삼
　　는 자는 농부입니다."

　　"堯以不得舜爲己憂, 舜以不得禹, 皐陶爲己憂. 夫以百畝之
　　不易爲己憂者, 農夫也."

　　"요임금의 책임은 막중하기 그지없었기에 순임금처럼
직무에 적합한 인재를 얻지 못하는 것을 우려하셨습니다.
순임금 또한 어찌 이렇지 않았겠습니까? 그의 책임에는 우
임금과 고요皐陶처럼 직무에 적합한 인재를 찾아내는 것도
포함됩니다. 백 묘의 논밭에서 수확이 잘되지 않을까 고민
하고, 이에 대한 책임만 지면 되는 사람은 농부이지요." 농
부는 걱정을 많이 할 필요가 없습니다. 비교하자면 요임금
과 순임금이 당연히 농부보다 훨씬 고생스럽지요.

"재물을 사람들에게 나누어 주는 것을 혜惠라 하고, 선을 사람들에게 가르치는 것을 충忠이라 하고, 천하를 위해 사람을 얻는 것을 인仁이라고 합니다. 따라서 천하를 사람에게 주는 것은 쉽지만, 천하를 위해서 사람을 얻는 것은 어렵습니다. 공자께서 말씀하셨습니다. '위대하도다, 요임금의 군주 됨이여! 오직 하늘만이 큰데 오직 요임금만이 그것을 본받으니 광대하여 백성이 말로 형용할 수 없구나. 진정한 임금이로다, 순임금은! 높고 높아 천하를 가졌으면서도 간섭하지 않았도다.' 요임금과 순임금이 천하를 다스리는 일에 어찌 그 마음을 씀이 없었겠습니까? 단지 경작에 쓰지 않았을 뿐입니다."

"分人以財謂之惠, 敎人以善謂之忠, 爲天下得人者謂之仁. 是故以天下與人易, 爲天下得人難. 孔子曰 '大哉堯之爲君, 惟天爲大, 惟堯則之, 蕩蕩乎民無能名焉. 君哉舜也, 巍巍乎有天下而不與焉.' 堯舜之治天下, 豈無所用其心哉? 亦不用於耕耳."

"다른 사람에게 재물을 나누어 주는 것을 '혜'惠라 하고, 다른 사람에게 선량하고 정당한 행위를 가르치는 것을 '충'忠이라 하며, (자기 자신이 아니라) 천하를 위하여 합당한 인재를 얻는 것을 '인'仁이라고 합니다." 이 세 가지 덕행은 난이도에 따라 등급 차이가 있습니다. "혜"란 상대적으로 가장 간단한 것으로 다른 사람에게 직접적으로 당장의 이익을 주는 것입니다. "충"은 중간 등급의 것으로 다른 사람의 행동을 좀 더 오래 깊이 바꿀 수 있습니다. "인"이 가장 어려운 것으로, 적절한 사람을 찾아 모두에게 적용되는 공공의 이익을 만들어 냅니다. "그래서 천하를 다른 사람에게 양보하거나 혹은 계승하게 하는 것은 아주 쉽습니다. 천하를 다스리는 일을 자신의 책임으로 삼고, 천하를 위해 인재를 찾아내는 일은 아주 어렵습니다. 따라서 공자께서 요임금을 지극히 찬미하면서 이런 말씀을 하셨습니다. '위대하구나, 요임금께서 군주 되심이! 하늘은 지극히 광활한데 오직 요임금만이 하늘을 본받았으니, 그의 너른 마음씨는 사람이 형용할 수 없구나. 순임금은 진정한 군주로다. 천하를 다스리면서 조금의 사심도 없으니 이러한 사람의 인격은 얼마나 숭고한 것이냐!' 요임금과 순임금이 천하를 다스리는 책임을 짊어졌으니 마음을 쓰지 않을 수 있겠습니까? 두 분은 마음을 농사짓는 데 쓰지 않기로 스스로 선택한 것뿐입니다.”

이러한 이치에 대한 설명을 끝내고, 진상의 어리석음을 비평하는 부분에서 맹자는 참지 못하고 그의 문제 되는 행동을 연달아 지적합니다.

“나는 하나라에서 오랑캐를 변하게 했다는 것은 들어 봤어도 오랑캐로 인해 변하게 되었다는 것은 들어 보지 못했습니다. 진량은 초나라 출신으로 주공과 중니仲尼의 도를 좋아하여 천하의 북방으로 가 배웠지요. 북방의 학자들은 그를 앞서는 것이 불가능합니다. 그는 걸출한 선비라고 할 만합니다. 그대 형제는 수십 년 동안 그를 섬겼으면서 스승이 죽자 바로 그를 배반했군요.”

“吾聞用夏變夷者, 未聞變於夷者也. 陳良, 楚産也, 悅周公仲尼之道, 北學於中國, 北方之學者, 未能或之先也. 彼所謂豪傑之士也. 子之兄弟, 事之數十年, 師死, 而遂倍之.”

“하나라”夏와 “오랑캐”夷는 각각 당시에 말하는 문명과 야만을 대조해 가리킵니다. “문명으로 야만을 교화한 일은 들어 봤어도 거꾸로 야만이 문명을 바꾸었다는 일은 들어 본 적이 없습니다. 진량은 남쪽의 초나라 사람으로 오랑캐의 땅에서 가까운 곳 출신이지요. 그런데도 주공과 공자의 주장을 깊이 흠모하여 이를 공부하고자 특별히 북쪽으로 올라왔습니다. 그의 배움은 아주 우수하여 북방의 학자 중에서도 그를 능가하는 사람이 없었지요. 이런 사람이야말로 비범한 일을 해낼 수 있는 '뛰어난 선비'입니다. 그대 형제는 진량을 수십 년이나 따랐으면서 뜻밖에도 스승이 세상을 떠나자마자 곧장 그 스승을 배반했군요." 여기서 진량은 '문명으로 야만을 교화시킨' 결과이고, 진상 형제는 드물게도 '야만으로 문명을 바꾼' 특이한 사례입니다. 결코 허행이 오랑캐라는 말이 아닙니다. 허행의 학설이 성인의 업적을 뒤엎고 문명을 없애 버리려 한다는 말입니다.

한편, "뛰어난 선비"는 『맹자』에서 특정한 의미가 있습니다. 『맹자』 「진심 상」盡心上에는 이런 구절이 있습니다.

맹자가 말하였다. "문왕을 기다렸다가 후에 일어나는 자는 일반 백성이다. 무릇 뛰어난 선비라면 비록 문왕이 없어도 일어난다."

孟子曰 "待文王而後興者, 凡民也. 若夫豪傑之士, 雖無文王猶興."

"뛰어난 선비"와 "일반 백성"을 비교하면 그 차이는 다음과 같습니다. 일반 백성은 다른 사람이 이끌어야 하며 스스로 새로운 기풍을 일으킬 능력이 없습니다. 그러나 뛰어난 선비는 현실과 시대의 한계를 넘어서 새로운 국면으로 나아갑니다. 비록 현실 조건이 불리하고, 성군이나 스승의 인도가 없다고 해도, 뛰어난 선비는 자발적으로 올바른 목표를 향해 전진하지요.

한 발 더 나아가서 말해 봅시다. 왜 뛰어난 신비가 있을까요? 왜 "비록 문왕이 없어도 일어날" 자발적인 능력을 가지고 있을까요? "인성이 선하기" 때문입니다. 문왕이 창조한 인문 질서는 그저 인간에게 내재된 선한 본성에 따랐을 뿐이고, 이는 맹자에게 결코 흔들리지 않는 확고한 믿음이기도 했습니다. 그렇다면 내재된 자아의 선한 본성을 싹틔워 문왕과 같은 신념을 얻을 수 있는 사람도 있을 겁니다.

"옛날에 공자께서 돌아가시고 삼 년 후 제자들이 짐을 꾸려 돌아가려고 하며, 자공에게 인사를 하고 서로 마주 보며 통곡하니 모두 목소리를 잃을 정도가 된 이후 돌아갔습니다.

자공은 돌아와 마당에 거처를 짓고 홀로 삼 년을 지낸 후에 돌아갔습니다. 훗날 자하와 자장, 자유가 유약이 성인과 닮았다 하여 유약을 공자를 섬기듯 섬기려 했고, 증자에게 그것을 강요했습니다. 그러자 증자는 '안 됩니다. 양자강과 한수의 물로 깨끗이 씻은 듯, 가을볕을 쬐어 말린 듯한 깨끗함에 더하기는 불가능합니다.'"

"昔者孔子沒, 三年之外, 門人治任將歸, 入揖於子貢, 相向而哭, 皆失聲, 然後歸. 子貢反, 築室於場, 獨居三年, 然後歸. 他日, 子夏子張子游以有若似聖人, 欲以所事孔子事之, 彊曾子. 曾子曰 '不可. 江漢以濯之, 秋陽以暴之, 皜皜乎不可尙已.'"

"공자께서 돌아가셨던 그해에 공자 문하의 제자들은 초가집을 짓고 상을 치렀습니다. 비록 상복은 입지 않았지만 친아버지의 상을 치르듯 삼년상을 지켰지요. 삼 년이 되어 모두 짐을 챙겨 각자의 고향으로 돌아가려 하였는데 유독 자공子貢만이 머물러 있었습니다. 그래서 귀향하는 제자들은 자공과 작별의 인사를 하며 서로 더 이상 목소리가 나오지 않을 지경이 되도록 대성통곡하고서야 헤어졌습니다. 이미 삼 년이 지났는데도 이렇게 울다니 그들이 상례를 마지못하여 정리했다는 걸 알 수 있지요. 제자들이 떠나고 자공은 돌아와 공자의 무덤 옆에 따로 거처를 짓고 돌아가신 스승의 옆을 삼 년 더 지켰습니다." 스승이 세상을 떠나고 공자의 제자들은 이러한 마음으로 스승을 그리워했습니다.

아직 이야기가 하나 더 있습니다. "어느 정도 시간이 흐르고 자하子夏와 자장子張, 자유子游가 유약有若의 생김이 공자와 비슷하기에 유약을 스승으로 모시고자 하였습니다 (스승이 너무나 그리웠기 때문에 스승을 대신할 사람을 찾는 것도 좋겠다는 것이었지요). 그런데 증자가 불응하자, 그들은 증자의 동의를 강요했습니다. 이에 증자가 말했습니다. '절대 안 됩니다. 양자강과 한수의 물로 깨끗이 씻은 듯, 가을볕에 쬐어 말린 듯한 그런 고결에는 무엇을 더 이상 더할 수 없습니다.'" 증자는 흰 천에 공자의 인격과 덕행을 빗대 그 무엇도 공자를 대신할 수 없다고 말합니다. 그 흰 천은 특수한 제련 과정을 거쳐 만들어진 것으로, 그냥 겉으로 보기에 희기만 한 천과 같이 취급할 수 없습니다. 자하와 자장과 자유에게는 깊이 스승을 그리워하는 마음이 있었고, 증자 또한 스승에 대해 마음에서 우러나오는 존경심을 단호히 지켰던 것입니다.

이런 사람도 있거늘 그에 비하면 진상 형제의 행동은

정말 심하지 않습니까.

"지금 남쪽 오랑캐 땅의 새처럼 지껄이는 사람이 선왕의 도를 말하는 것도 아닌데 그대는 그대의 스승을 배반하고 그에게 배우는 것이 또한 증자와 다릅니다. 나는 새가 깊은 골짜기에서 나와 큰 나무로 옮겨 간다는 말은 들어 봤어도 큰 나무에서 내려와 깊은 골짜기로 들어간다는 말은 들어 보지 못했습니다. 『시경』 노송魯頌에 '융戎과 적狄은 치고 형荊과 서舒는 응징한다'라고 했습니다. 주공 또한 그들을 토벌하려고 했는데 그대는 그들을 배우고 있으니 이는 좋은 변화가 아닙니다."

"今也南蠻鴃舌之人, 非先王之道, 子倍子之師而學之, 亦異於曾子矣. 吾聞出於幽谷遷于喬木者, 末聞下喬木而入於幽谷者.「魯頌」曰 '戎狄是膺, 荊舒是懲.' 周公方且膺之, 子是之學, 亦爲不善變矣."

맹자의 말투는 점점 혹독해집니다. 초나라에서 온 허행을 더 이상 '허자'라고 부르지 않고 "남쪽 오랑캐 땅의 새처럼 지껄이는 사람"이라고 합니다. 남방의 구석진 곳에서 와서 말하는 것이 마치 새가 지저귀듯 사람이 듣기에 확실치 않고 이해되지도 않는 말을 하는 사람입니다. "이렇게 말조차 잘 못하는 사람이 선왕의 도를 함부로 비난하는데, 당신네 형제는 오히려 자신의 스승을 버리고 그를 좇아배우고 있으니 그대들의 판단과 행동거지는 증자와 너무나다르지 않습니까?" 이 말은 진상 형제가 자신들이 모셨던스승의 가치를 근본적으로 알지 못함을 의미합니다.

　"남쪽 오랑캐 땅의 새처럼 지껄인다"라는 비유를 따라서, 맹자는 또 말합니다. "새라도 좋고 나쁨을 판단하는 기본 능력은 있어서 부족한 환경에서 나은 환경으로 이동하지요. 새가 어둡고 습하며 깊은 골짜기에서 좀 더 높고 좀더 밝으면서 시야도 확 트인 큰 나무로 날아 올라간다는 소리는 들었어도, 큰 나무를 포기하고 골짜기로 날아 들어가는 새가 있다는 소리는 내 평생에 들어 본 적이 없습니다." 곰곰히 생각해 보면, 맹자의 이 비유는 앞선 증자의 화법과앞뒤로 맞물립니다. 맹자는 먼저 증자의 말로 우리에게 "가을볕"의 반짝임과 새하얀 이미지를 느끼게 합니다. 이러한이미지와 대응하여, 우리는 '큰 나무에서 내려와 깊은 골짜기로 들어간다'라는 선택을 더욱 상상할 수 없게 됩니다. 이미 눈부시게 새하얀 공자의 인격을 체험하고 나서 어떻게 다시 어둡고 습하며 깊은 곳으로 돌아가겠습니까?

"『시경』노송魯頌「비궁」閟宮에서는 '북방 오랑캐인 융과 적은 치고 남방 오랑캐인 형과 서는 징벌한다'라고 합니다. 주공의 태도 또한 오랑캐인 이민족을 변화시키고 그들을 문명으로 이끌었는데, 아니 그대들은 도리어 그들을 따라 배우고 있으니 이는 진실로 옳은 변화라고 할 수 없습니다."

허행의 "현명한 이는 백성과 함께 농사지어 먹는다"라는 이론부터 "배운 것을 모조리 버린" 행동까지 한바탕 꾸지람을 들은 진상은 전혀 맹자와 논쟁하지 못합니다. 맹자를 막아 낼 만한 허행의 또 다른 이론을 가까스로 찾아내, 새로운 격전장을 여는 방식을 쓸 뿐입니다.

"허자의 도를 따르면, 시장의 가격은 둘이 아니게 되어 나라 안에 거짓이 없습니다. 오 척의 어린이를 시장에 보내도 아무도 속이지 못합니다. 베와 비단의 길이가 같으면 가격이 서로 같습니다. 삼실과 명주실의 무게가 같으면 가격이 서로 같습니다. 오곡의 양이 같으면 가격이 서로 같습니다. 신발의 크기가 같으면 가격이 서로 같습니다."

"從許子之道, 則市賈不貳, 國中無僞. 雖使五尺之童適市, 莫
之或欺. 布帛長短同, 則賈相若. 麻縷絲絮輕重同, 則賈相若.
五穀多寡同, 則賈相若. 屨大小同, 則賈相若."

"만약 허 선생의 주장을 따르면, 사람들이 파는 물건
가격에 차이가 없게 되므로 나라 안에서 남을 속이는 일이
없어지게 됩니다. 어린아이가 뭘 사더라도 그 아이를 속일
수 있는 사람이 없는 겁니다." 어떻게 '아이와 늙은이가 속
지 않을' 수 있을까요? 본래 허행의 주장은 이렇습니다. "천
이라면 같은 길이는 같은 가격으로 판다. 천을 짜는 실이라
면 삼실이든 명주실이든 같은 무게는 같은 가격으로 판다.
곡식이라면 어떤 종류든 같은 양은 같은 가격으로 판다. 신
발도 마찬가지로 같은 크기는 같은 가격으로 판다."

허행은 모두가 농업에 종사하기를 바라는 것 외에도
시장을 없애려고 합니다. 물건을 팔고 사는 행위로 인해 속
임수가 있다고 생각하기 때문입니다. 하지만 시장에서 속
임수를 없애고자 한 허행의 방식은 무엇입니까? 이렇게 어
수룩하기 짝이 없는 가격 관리 제도입니다. 맹자의 경멸 어
린 탄식이 여기까지 들리는 듯합니다. '감히 이런 주장을 들
고 와 말하는가? 놀랍게도 이런 주장을 진상이 받아들였는

가?' 우리도 이미 허행의 이론에서 불합리한 부분을 아는데 말입니다!

"무릇 사물의 같지 않음은 사물의 본성입니다. 혹은 서로 빗 배가 되고, 혹은 서로 열 배나 백 배가 되며, 혹은 서로 천 배 나 만 배가 됩니다. 그대는 이것들을 나란히 놓아 같게 하니 이는 천하를 어지럽히는 것입니다. 큰 신발과 작은 신발이 같은 가격이라면 사람이 그것을 만들려고 하겠습니까? 허자 의 도를 따른다면 서로 이끌어 거짓을 행하게 할 텐데 어찌 국가를 다스릴 수 있겠습니까?"

"夫物之不齊, 物之情也. 或相倍蓰, 或相什伯, 或相千萬. 子比 而同之, 是亂天下也. 巨屨小屨同賈, 人豈爲之哉? 從許子之 道, 相率而爲僞者也, 惡能治國家?"

맹자는 대답합니다. "물건에는 본래 서로 다른 가치가 있기 마련입니다. 그것은 물건의 본성이지, 거래에서 오는 것이 아닙니다. 그래서 물건의 가치가 어떤 것은 몇 배 차 이가 나고, 어떤 것은 열 배나 백 배 차이가 나며, 심지어 천 배나 만 배까지 차이가 나기도 합니다. 그런데 뜻밖에도 그대는 이러한 차이를 없애고 전부 다 똑같이 만들어 버리고 자 하니 그러면 세상은 혼란에 빠지게 됩니다. 그대도 알겠 지만, 만약 큰 신발과 작은 신발을 똑같은 가격으로 판다면 누구도 큰 신발을 만들려고 하지 않을 것이기에 신발의 치 수에 따라 가격을 매기는 것입니다. (허행은 차이를 없애 고자 하면서 어째서 크고 작은 차이는 남겨 두는 것입니까? 크고 작은 차이를 없앨 수 없는 마당에 또한 정교함과 엉성 함, 좋음과 나쁨의 차이를 어떻게 신경 쓰지 않을 수 있습 니까? 정교한 물건과 엉성한 물건을 똑같은 가격으로 판다 면, 누가 꼼꼼하고 세심하게 물건을 만들려고 하겠습니까? 좋은 물건과 나쁜 물건을 같은 가격으로 판다면, 누가 좋은 물건을 만들려고 하겠습니까?) 허 선생의 이런 주장을 따 른다면 속임수를 없애기는커녕 오히려 사람들이 가짜를 만 들어 사람을 속이도록 격려하게 될 텐데 이런 식으로 어떻 게 국가를 다스리겠습니까?"

전국 시대 사상에는 제각기 치우침이 있다

맹자는 농가 외에 양주와 묵자의 주장에도 반박했습니다.

맹자가 말했다. "양자는 '나를 위하라'를 취하여 한 올의 털을 뽑아 천하를 이롭게 하는 일도 하지 않는다. 묵자는 '모두를 사랑하라'며 정수리부터 발꿈치까지 모두 닳더라도 천하를 이롭게 한다면 그렇게 한다. 자막은 '중간을 잡으라'라고 하는데, 중간을 잡는 것은 도에 가깝다. 그러나 중간을 잡을 때 변통이 없다면 하나를 고집하는 것과 같다. 하나를 고집하는 것을 싫어하는 이유는 그것이 도를 해치기 때문이니 하나를 들어 백 가지를 없앤다."

孟子曰 "楊子取爲我, 拔一毛而利天下, 不爲也. 墨子兼愛, 摩頂放踵利天下, 爲之. 子莫執中, 執中爲近之. 執中無權, 猶執一也. 所惡執一者, 爲其賊道也, 擧一而廢百也."

"양주는 이기적인 것이 가장 좋다고 주장하여, 자기 몸의 한 오라기 털을 잃는 것만으로 공공에 이익을 가져온다고 하더라도 하지 않는다. 사람이 각자 자기 자신만을 생각하고 자기의 이익만을 보전하려고 하여 공적인 일을 철저하게 없애 버리면 천하가 태평해진다고 한다. 반대로, 묵자는 사람이 자아를 버리고 자기를 사랑하는 방식으로 남을 사랑해야 한다고 주장한다. 그래서 공공의 이익을 만들 수 있다면 정수리가 닳고 발이 상하더라도 반드시 해야 한다고 한다. 자신과 타인을 차별하지 않고 평등하게 대하면, 이기적인 생각을 완전히 없애면 천하가 태평해진다고 한다.

양주와 묵자는 서로 양극단을 달리는 주장을 하는 반면에, 노나라의 자막子莫은 '중간을 잡음'을 주장한다. 즉 중립 노선을 취하여 어느 한 쪽으로도 치우치지 않는 것을 말한다. 자막이 주장하는 '중간을 잡음'이 양주의 극단적인 주장보다는 비교적 이치에 가깝다. 하지만 만약 어떠한 상황에서도 무조건 중간만 잡기를 고수한다면 융통성 있는 일 처리를 할 수 없다. 이 또한 고집이니, 일종의 극단과 같아 오직 하나의 답만을 고수하여 상황의 경중이나 완급을 고려하지 않는다. 내가 반대하는 것은 이렇게 상황을 따지지 않고 융통성 없이 하나의 답만을 고집스럽게 내세우는 것이다. 이는 정상적인 이치를 망가뜨리는 방법으로, 하나만을 선택하고 고집하여 나머지 다양한 가능성을 없애 버린다."

이 부분에서 맹자가 절대 교조주의자가 아님을, 오히려 교조주의를 몹시 혐오하고 있음을 알 수 있습니다. 어떠한 원칙이든, 설사 그것이 '중간'일지라도 만약 교조로 변해 어떠한 융통성도 없어진다면 그것은 절대 옳지 않습니다. '도'道에는 탄력성이 있어, 서로 다른 온갖 상황에 호응할 수 있어야 하며 또한 여러 방면을 고려한 지혜의 운용이 필요합니다. 이런 관점에서 볼 때, 우리는 맹자가 "내가 어찌 논변을 좋아하겠는가? 어쩔 수 없이 하는 것일 뿐이다"라고 말한 또 다른 심오하고 근본적인 이유를 발견할 수 있습니다. 사람 일의 옳고 그름이란 가만히 앉아서 첫 번째 원리, 두 번째 원리, 세 번째 원리 등을 일일이 순서대로 열거함으로써 해결할 수 있는 게 아닙니다. 반드시 역동적으로 경중과 이해득실을 재 봐야 하지요. '논변'은 서로 다른 다양한 요인을 역동적으로 모으고 살펴서 가장 적합한 답을 찾는 과정입니다. 만약 논변을 하지 않는다면, 도리의 역동적이고 다원적인 면모를 드러낼 수 없습니다.

이 세상은 너무나 복잡다단해서 '하나'로 이 모든 것을 포괄하고 통합할 수 없습니다. 간단한 법칙 한 가지를 찾아

내, 한 번의 고생으로 영원히 편안해지는 안일한 논리를 맹자는 원하지도, 믿지도 않았습니다. 양주와 묵자는 모두 하나의 극단적인 방법만을 진리로 삼았죠. 하지만 설사 겉으로는 극단적이지 않고 중도를 취하고 있는 것처럼 보이는 자막의 주장도 일단 그 '중간'이 유일한 진리로 변질되어 수많은 상황과 조건 위에 군림한다면 그 역시 현실을 고려하지 않는 다른 종류의 안일한 태도입니다.

맹자는 전국 시대의 사상들이 공통적으로 가지고 있는 병폐를 예리하게 지적해 냅니다. '백가'百家라고 불린 전국 시대의 사상은 각자 다른 주장을 내세웠지만, 대부분 '하나만을 고집해' 도드라진 하나의 원칙을 문제 해결의 만병통치약으로 삼았습니다. 첫째, 당시의 형세가 너무나 혼란스러웠고, 전쟁과 살육이 대단히 큰 고통을 불러왔습니다. 민심은 이런 상황에서 벗어날 방법을 원했지만, 복잡한 분석을 들을 인내심은 없었습니다. 둘째, 제각기 다른 사상 간의 경쟁이 격렬해지면서 각 학파의 사상가는 군주와 백성의 주의를 끌고자 자연스럽게 핵심을 과장하고 효과를 강조하는 책략을 취하게 되었습니다.

허행은 농사의 중요성을, 양주는 자기 보호의 중요성을, 묵자는 타인을 생각하는 마음의 중요성을 지나치게 부풀렸지요. 그러나 간단하면서 힘 있는 주장이 진정으로 유용하거나 효과가 있는 것은 아닙니다. 도리어 인간사의 현실에 위배되기 마련이지요. 사람은 그렇게 간단하지 않고, 사람과 사람 사이에 만들어진 사회도 그렇게 간단하지 않습니다. 그리고 사람과 사람 사이에서 일어나는 충돌도 그렇게 간단하지 않습니다.

맹자의 태도는 유가와 유가에서 계승한 서주 왕관학의 핵심 가치를 표방합니다. 이는 각양각색의 사람 사이의 감정을 연결하고, 인간 관계를 다원적으로 분별하여 처리하는 잘 갖추어진 가치입니다. 이 가치는 다방면으로 나타나는 사람들의 요구를 살피려 하지, 다양한 측면에 걸쳐 있는 인간의 존재와 사실을 몇 가지 추상적인 원리로 환원시키지 않습니다.

양주와 묵자는 극단적이었고 "하나를 고집했습니다." 이렇게 과도하게 간략화된 논리는 그 고집된 원칙을 받들었을 때 일어날 수 있는 좋은 결과만을 일방적으로 그려 냅니다. 맹자가 보기에, 이 주장들은 모두 '논변'이라는 논리 시험을 버틸 수 없습니다. 자막조차 그렇습니다. 만약 '중간'이 상황에 따라 융통성을 발휘할 수 있는 지혜가 아닌 유일한 선택으로 변질된다면, 이론적으로 맹자가 날카롭게 지적했듯이 그 '중간' 또한 '하나만을 고집함'이 되어 마찬가지로 논리 시험을 통과하지 못합니다.

왜 반드시 '논변'을 해야 할까요? 왜냐하면 현실은 모든 관계가 어지럽게 뒤얽혀 있음을, 그렇기 때문에 "하나를 고집하는 것"은 이미 만신창이가 된 나라와 사회를 결코 해결할 수 없음을, '논변'으로 가장 잘 깨달을 수 있기 때문입니다.

묵자의 오류에 명중시키다

『맹자』「등문공 상」으로 돌아가 맹자가 허행에게 반박한 이후를 이어 보지요.

묵가를 따르는 이지가 서벽을 통하여 맹자에게 만나기를 청했다. 맹자가 말하였다. "나는 진심으로 만나기를 원하지만 지금 내가 아직 병을 앓고 있어 병이 나으면 내가 장차 가서 만날 테니 이자는 오실 것 없다."

墨者夷之因徐辟而求見孟子. 孟子曰 "吾固願見, 今吾尙病,
病愈, 我且往見, 夷子不來."

묵가의 학설을 따르는 이지夷之라는 사람이 맹자의 제
자인 서벽徐辟에게 맹자를 만나고 싶다는 청을 전해 주길 부
탁합니다. 맹자는 이렇게 말합니다. "나도 그 사람을 만나
보길 원하지만 지금 내가 병이 났으니 나으면 내가 그를 찾
아가겠다. 여기까지 올 필요 없다고 전해라." 맹자는 자신
과 다른 의견을 가진 사람을 만나기를 적극적으로 원합니
다. 왜냐하면 그는 논리로 설복하는 '논변'에 대한 강렬한
충동과 충분한 자신감을 가지고 있었기 때문입니다.

다른 날 다시 맹자를 만나고자 하였다. 맹자가 말하였다.
"오늘은 만날 수 있다. 하지만 바로잡지 않으면 도리가 드러
나지 않으니, 내가 그것을 바로잡고자 한다. 이자는 묵가의
도를 따르는 사람이라고 들었다. 묵가에서는 상례를 치르면
서 소박함을 도리로 삼는다. 이자는 이로써 천하를 바꾸고
자 바라는데 어찌 이를 옳지 않다고 여기고 귀히 여기지 않
겠느냐? 허나 이자는 부모의 장례를 후하게 치렀으니 이는
천하게 여기는 바로 부모를 섬긴 것이다."

他日又求見孟子. 孟子曰 "吾今則可以見矣. 不直, 則道不見,
我且直之. 吾聞夷子墨者, 墨之治喪也, 以薄爲其道也, 夷子
思以易天下, 豈以爲非是而不貴也? 然而夷子葬其親厚, 則是
以所賤事親也."

그러나 며칠 지나서 이지는 맹자를 만나러 가겠다고
다시 말을 꺼냅니다. 맹자는 중간에서 말을 전하는 제자 서
벽에게 말합니다. "좋다. 내 병이 아직 완전히 낫지는 않았
지만 지금 만날 수는 있겠구나. (단지 이지가 이렇게 급하
게 찾는 이상 한 가지 조건을 받아들여야 한다.) 한 가지 일
에 관해서 내가 직접적으로 그를 비평하려고 하는데, 그가
설명해 주기를 바란다. 내가 듣기로 이지는 '묵가의 도를 따
르는 사람'이고, 묵가는 '소박한 상례'를 믿어 가족에게 융
숭하고도 화려한 장례식을 치르는 것을 반대한다고 한다.
이지는 묵가를 신봉하고 묵가의 원칙으로 사회를 바꾸길
바라면서 자기 부모의 장례식은 후하게 치렀으니 이는 본
인이 비천하게 여기고 반대하는 방식으로 부모를 모신 것
이 아니냐? (만약 이지가 진실로 풍족하게 치르는 장례가
잘못된 것이라고 생각하면서 부모의 장례를 그렇게 치렀다

면 부모를 뵐 면목이 있겠느냐?)"

서자가 이자에게 알렸다. 이자가 말하였다. "유가의 도에서
옛사람이 '마치 아기를 돌보듯 한다'라고 하는데 이는 무슨
뜻인가? 그것은 사랑에는 차등이 없으며 가족에서 시작하여
베푼다는 뜻일 듯하네."

徐子以告夷子. 夷子曰 "儒者之道, 古之人 '若保赤子', 此言何
謂也? 之則以爲愛無差等, 施由親始."

서벽이 맹자의 비평과 질의를 전달했습니다. 이지의
대답은 이러합니다. "맹자처럼 유가의 도를 따르는 유자는
『상서』「강고」康誥에 나오는 '마치 아기를 돌보듯 한다'라는
말을 반드시 믿는다는데 이 말은 무슨 의미인가? 내가 이해
하기로는 마치 자기 집의 아기를 사랑하고 돌보듯 백성을
사랑하고 돌보라는 의미이고, 이는 또한 내 가족에 대한 사
랑과 타인에 대한 사랑에는 차별이 없다는 의미이네. 단지
먼저 자신의 가족을 사랑하는 것으로부터 시작할 뿐이지."
　묵자인 이지는 논변의 원리를 아는 사람입니다. 그의
논변은 이런 식입니다. 첫째, 자신이 신봉하는 사상과 실

천 사이에 확연히 드러나는 모순을 비판한 맹자에게 이지는 정면으로 반박하지 않고 일단 한 발 물러섭니다. 둘째, 이지는 유가에서 존숭하는 '왕관학'의 경전인 『상서』를 일부러 인용하여 "사랑에는 차등이 없다"는 '겸애'를 변호합니다. 내 가족을 대하는 것은 타인을 대하는 것과 마찬가지지만 단지 가족이 나와 좀 더 가깝기 때문에 이 '겸애'의 '사랑'이 가족에게 먼저 베풀어질 뿐이라는 것이지요. 그러나 유가가 받드는 경전에서는 우리가 가족을 대하는 방식으로 모든 사람을 대하라고 주장합니다. 이는 곧 우리가 가족에게 잘하는 것이 그저 현실 조건의 영향을 받아 시간상 선후가 있을 뿐 이치상 경중을 따지는 원칙적 차별은 아니라는 말입니다.

서자가 맹자에게 고했다. 맹자가 말하였다. "이자는 진실로 사람이 형의 아들을 사랑하는 것이 옆집 아기를 사랑하는 것과 같다고 여기는가? 그 표현은 이것을 취했을 뿐이네."

徐子以告孟子. 孟子曰 "夫夷子, 信以爲人之親其兄之子, 爲若親其隣之赤子乎? 彼有取爾也."

서벽은 이지의 회답을 다시 맹자에게 전합니다. 맹자는 곧바로 이지가 핵심 문제는 해명하지도 않고, 맹자가 요구한 조건을 이행하지 않았음을 알아챕니다. 따라서 맹자 또한 이지의 면담 요청을 받아들이지 않습니다. 만약 상대가 성의와 자신감을 가지고 철저하게 문제를 토론하지 않겠다면 차라리 만나지 않는 것만 못하다는 뜻이지요. "내가 어찌 논변을 좋아하겠는가? 어쩔 수 없이 하는 것일 뿐이다"라는 말에서 보듯, 맹자의 '논변'은 '어쩔 수 없는 것'으로, 자신이 믿는 진리를 전달하기 위한 것입니다. 그러므로 맹자는 순전히 말재간만을 자랑하기 위한 의미 없는 '논변을 위한 논변'을 하려고 하지 않습니다. 따라서 맹자가 서벽을 향해 시작하는 말의 첫마디는 이지의 이러한 태도에 대한 비판입니다. "이지는 정말로 보통 사람이 조카를 사랑하는 방식으로 똑같이 옆집의 아이를 사랑할 수 있으리라 믿는 걸까? 그는 '마치 아기를 돌보듯 한다'라는 말을 가져다가 논변에 유용한 주제로 삼고 있을 뿐이다."

"아기가 엉금엉금 기어 우물에 빠지는 것은 아기의 잘못이 아니다. 하늘이 만물을 낼 때 그것에 근본을 하나로 하였는데 이지는 근본을 둘로 한 까닭이다. 대체로 아주 오래전에는 부모를 묻지 않았다. 부모가 죽으면 이를 들어다 산골짜기에 버렸다. 며칠이 지나 그곳을 지나가니 여우와 삵이 그것을 먹고 있었고 파리와 등에가 그것을 물고 있었다. 그 이마에 땀이 나고 곁눈질만 할 뿐 제대로 쳐다볼 수 없었다. 무릇 땀이 흐름은 다른 사람 때문에 흐른 것이 아니라 마음이 얼굴과 눈에 드러난 것이다. 아마도 돌아가서 삼태기로 덮고 가래로 그것을 가렸을 것이다. 그것을 가린 것이 진실로 옳다면, 효자와 어진 사람이 그 부모를 가리는 것에도 반드시 도가 있는 것이다."

"赤子匍匐將入井, 非赤子之罪也. 且天之生物也, 使之一本, 而夷子二本故也. 蓋上世嘗有不葬其親者, 其親死, 則擧而委之於壑. 他日過之, 狐狸食之, 蠅蚋姑嘬之. 其顙有泚, 睨而不視. 夫泚也, 非爲人泚, 中心達於面目, 蓋歸反虆梩而掩之. 掩之誠是也, 則孝子仁人之掩其親, 亦必有道矣."

맹자는 이어서 "마치 아기를 돌보듯 한다"라는 말의 진의를 밝힙니다. 우리는 엉금엉금 기어서 우물에 다가간 아기가 조금만 더 기어가면 우물에 빠질 것 같은 상황을 보더라도 그 아기에게 죄가 있다고 하지 않습니다. 어려서 순진하고 무지한 아기가 생사를 가르는 위험에 직면했을 때 누구든 그 아기를 구하려는 조급한 마음을 느끼지, 그 아기가 누구이며 나와 어떤 관계인지는 전혀 상관하지 않습니다. 『상서』「강고」의 "마치 아기를 돌보듯 한다"란 말은 이런 뜻입니다. 군주는 무고한 사람이 고통받지 않게 하고 위험한 상황에 빠지지 않게 하려는 마음으로 백성을 대해야 한다는 훈계입니다. 어디를 봐서 이지가 생각하는 그런 뜻입니까?

그다음, 맹자는 이지가 회피한 주제로 돌아갑니다. "내가 이지를 비평하는 것은 그의 이중 잣대이다. 하늘은 만물을 낳으면서 만물에게 통일된 하나의 도리만을 따르게 하였다. 그러나 지금 이지의 태도는 일치하지 않아 가족을 대하는 것과 타인을 대하는 것이 엄연히 다르다. 부모를 대할 때는 장례를 성대히 치르면서, 남을 대할 때는 장례를 간소하게 치르라고 주장하다니, 이 두 가지 잣대에서는 단지 한쪽만이 옳을 뿐이다."

도대체 후하게 장례를 치르는 것이 옳을까요, 아니면 간소하게 치르는 것이 옳을까요? 유가의 전승자로서 맹자는 공자의 사고방식을 따릅니다. 즉 '예'禮의 근본으로 돌아가, 사람의 자연스러운 감정과 반응에 따라 판단을 내립니다. "(문명이 발생하기 이전인) 고대에 어떤 사람들은 상례가 무엇인지 이해하지 못하거나 혹은 상례를 치르지 않아, 부모가 죽으면 시체를 골짜기에 내다 버렸다. 며칠 후 그곳을 지나다가 부모의 시체가 여우와 삵에게 뜯어 먹히고, 그 위에 파리와 구더기가 들끓고 있는 것을 발견했지. 순간 그의 이마에는 땀이 줄줄 흘렀고, 그저 눈을 내리깔고 흘끔흘끔 훔쳐볼 뿐 차마 그것을 정면으로 보지 못했다. 그의 이마에 송골송골 맺힌 땀은 남에게 보여 주기 위한 것이 아니라 그의 마음속으로부터 우러나온 자연스러운 감정이 그의 얼굴에 곧장 나타난 것이다. 그래서 그는 바로 집으로 돌아가 괭이 같은 도구를 가지고 와서 부모의 시체를 매장하였다. 이렇게 묻어야 옳은 것이다. 효자와 어진 사람이 정성 들여 그들의 부모를 묻는 데는 이치가 있는 것이다."

가족을 매장하는 것은 그저 이전의 의례를 따르는 것만이 아닙니다. 그렇기 때문에 비록 '간소한 장례'를 주장하더라도, 막상 부모의 죽음을 맞닥뜨리면 이지 또한 부모의 장례를 제대로 갖춰 치르고 싶은 자연스러우면서도 강렬한 충동을 느끼게 되는 것입니다. 이는 묵가에서 주장하는 '간소한 장례'가 결국 인정人情에 위배된다는 뜻 아니겠습니까? 마찬가지로, 사람은 마땅히 똑같은 방식으로 자신의 아이,

내 형제의 아이, 이웃의 아이를 '모두 사랑해야 한다'는 것
도 인정에 위배되는 것입니다.

> 서자가 이자에게 고했다. 이지가 망연자실하며 잠시 가만있
> 더니 말했다. "명중하였도다."

> 徐子以告夷子. 夷子憮然爲閒, 曰 "命之矣."

서벽은 다시 한 번 맹자의 말을 이지에게 전달합니다.
고개를 떨구고 한동안 침묵을 지키던 이지는 겨우 입을 떼
며 말합니다. "명중하였구나!" 이지가 탄식하며 뱉은 마지
막 이 한마디인 "命之矣"(명지의)에는 두 가지 해석이 존재합
니다. 한 가지 해석은 "命"(명)을 '명령'命令의 '명'命으로 보
는 것입니다. 그렇다면 이 '命'은 가르침을 받았다는 뜻이
되지요. 또 다른 해석은 "命"을 '명중'命中의 '명'命으로 풀
이하는 것인데, 이 경우에는 뜻이 약간 복잡해집니다. 이때
'명중'은 마치 포수가 도망가는 사냥감을 명중시키듯 이지
가 외면하고 싶었던, 말과 행위가 일치하지 않는 모순 행위
를 맹자가 붙잡았다는 뜻을 가리킵니다. 또한 이지가 왜 자
신의 신념을 어기면서까지 부모의 장례를 후하게 치렀는지

를, 화살이 과녁에 들어맞듯 맹자가 완벽하게 설명했다는 것을 의미하지요.

"이지가 망연자실하며 잠시 가만있었다"라는 구절로 보면 '명중하였다'라는 풀이가 원래의 의미에 좀 더 가까울 것입니다. 이지는 자기의 모순 행위를 변명하지 못했고, 또 그 동기를 구체적으로 설명할 능력도 없었는데, 얼굴도 본 적이 없는 맹자가 자신의 마음속을 여지없이 맞혔으니 맹자의 말을 듣자 한동안 말을 잇지 못한 것도 이상하지 않습니다.

본심으로부터 확장해 나가는 위대한 철학

『맹자』「진심 상」의 첫 번째 구절입니다.

맹자가 말하였다. "그 마음을 다하는 자는 그 본성을 안다. 본성을 알면 하늘을 안다. 그 마음을 보존하고 그 본성을 길러 이로써 하늘을 섬기는 것이다. 일찍 죽는 것과 오래 사는 것은 둘이 아니니 몸을 닦은 후에 기다리고 그로써 명을 세운다.”

孟子曰 “盡其心者知其性也. 知其性, 則知天矣. 存其心, 養其性, 所以事天也. 殀壽不貳, 修身以俟之, 所以立命也.”

이 짧은 단락에는 맹자 사상의 몇 가지 핵심적인 개념이 집중적으로 언급되어 있습니다. 즉 “마음”心, “본성”性, “하늘”天, “명”命입니다. 이제 이 네 가지 개념에 대한 맹자의 관점과 해석을 살펴본 다음, 이 단락의 의미를 이야기해 보겠습니다.

『맹자』「진심 상」에는 또 다른 구절이 있습니다.

맹자가 말하였다. “명 아닌 것이 없으니 그 바름을 순종하여 받아들여야 한다. 이런 까닭에 명을 아는 자는 돌담 아래 서지 않는다. 그 도를 다하고 죽은 자는 바른 명이다. 속박되어 죽은 자는 바른 명이 아니다.”

孟子曰 “莫非命也, 順受其正. 是故知命者不立乎巖牆之下. 盡其道而死者, 正命也. 桎梏死者, 非正命也.”

'명'命은 무엇일까요? 바로 사람의 부딪힘입니다. 내가 어떤 사람이건, 어떤 직업과 지위를 가졌건, 어떤 능력이 있건, 어떤 인격의 소유자이건 간에 어떻게 통제할 수 없는 맞닥뜨림, 그것이 '명'입니다. 따라서 우리가 '명'을 대하는 기본 태도는 "그 바름을 순종하여 받아들이는" 자세여야 합니다. 비록 나의 '명'을 거스를 수는 없지만, 지혜를 사용하고 조심히 행동하여 될 수 있는 한 불행한 부딪힘을 피해 보는 것이지요. 그러므로 '명'을 이해하고 어떻게 대해야 하는지 아는 사람은 무너질듯 기울어진 담장 아래에 서기를 피합니다. 왜냐하면 담장이 무너져 재난을 당할 가능성이 매우 크기 때문이죠. 이러한 원칙을 실천하고 노력하는 사람은 죽는다 해도 '바른 명'입니다. 만약 슬기롭게 재난을 피하려고 하지 않고 스스로 범죄를 지어 처벌을 받아 죽는다면, 이는 '바른 명'이 아닙니다.

또 한 가지가 있습니다.

맹자가 말하였다. "구하면 그것을 얻고, 버리면 그것을 잃을 것이니 구해서 얻음에 유익한 것은 나에게 있는 것을 구함이다. 그것을 구하면 도가 있고, 그것을 얻으면 명이 있으니, 구해서 얻음에 무익한 것은 밖에 있는 것을 구함이다."

孟子曰 "求則得之, 舍則失之, 是求有益於得也, 求在我者也.
求之有道, 得之有命, 是求無益於得也, 求在外者也."

맹자는 우리에게 인생에는 두 종류의 다른 상황이 있
음을 똑똑히 알고 분별해야 한다고 경고합니다. 한 가지는
구하고 노력하면 얻고, 구하지도 않고 노력도 하지 않으면
얻지 못하는 상황입니다. 이 경우에는 "구함"이 "얻음"에
도움이 되어 이 '구함'으로 '얻음'이 가능합니다. 다른 한 가
지는 구하는 방법은 있으나 구한다고 해서 반드시 얻을 수
있다는 보장은 없는 상황입니다. 얻고 얻지 못함은 '명'(주
관적이지 않은 다른 조건과 요인로서 내가 장악할 수 없는
부딪힘)에 의해 결정됩니다. 이때는 '구함'이 '얻음'에 도움
이 되지 않으며, '구함'과 '얻음' 사이에 인과 관계가 없고,
'구함'은 '얻음'의 바깥에 있습니다. 전자는 주관적인 의지
로 통제가 가능하지만, 후자는 불가능하지요. '명'으로 결정
되고 억지로 요구할 수 없는 일에 대해, 우리는 마땅히 다
른 시선으로 봐야 합니다.
　『맹자』「진심 하」盡心下에는 맹자가 '본성'과 '명'을 구
분 짓는 단락이 있습니다.

맹자가 말하였다. "맛에서 입, 색에서 눈, 소리에서 귀, 냄새에서 코, 편안에서 사지는 본성이나, 명이 있어 군자는 그것을 본성이라 하지 않는다."

孟子曰 "口之於味也, 目之於色也, 耳之於聲也, 鼻之於臭也, 四肢之於安佚也, 性也, 有命焉, 君子不謂性也."

'본성'이란 본래 타고난 것 혹은 천부적인 조건을 가리키므로, 정의에 따르면 미각, 시각, 청각, 후각, 신체의 편안 혹은 피곤 같은 오관의 감각은 하늘이 인간에게 내린 '본성'입니다. 그러나 이렇게 무엇을 먹고 무엇을 보고 무엇을 듣고 어떠한 편안을 느끼는 가장 낮은 단계의 오감은 외부 조건에 의지합니다. 자기가 장악하고 조종할 수 있는 것이 아니지요. 그래서 비록 내 몸에 감각 기관이 있다 하더라도 이것이 저절로 갖춰진 것이고 있어야 마땅한 것이라고 생각해서는 안 됩니다. 이런 측면에서는 절반뿐입니다. 받아들이는 쪽이 나 자신이며, 자극하는 쪽은 나 자신이 아닌 '명'이 결정합니다. 우연하고, 주관적으로 배치되지 않은 부딪힘 말입니다. 그리하여 맹자는 "명이 있어 군자는 그것을 본성이라 하지 않는다"라고 말합니다.

"부자 사이의 인仁, 군신 사이의 의義, 주객 사이의 예禮, 현명
한 자의 지혜, 천도天道의 성인聖人은 명이나, 본성이 있어 군
자는 그것을 명이라 하지 않는다."

"仁之於父子也, 義之於君臣也, 禮之於賓主也, 智之於賢者
也, 聖人之於天道也, 命也, 有性焉, 君子不謂命也."

앞과는 반대되는 구절입니다. 아버지와 아들 사이에
는 마땅히 인仁이 있고, 군주와 신하 사이에는 마땅히 의義
가 있고, 주인과 손님은 마땅히 예禮로서 서로 대하며, 현명
한 이는 마땅히 지혜를 발휘하고, 성인은 마땅히 천도天道
를 실천해야 합니다. 이러한 일은 모두 '마땅히' 그래야 합
니다. 즉 이러한 일은 구체적이고 개별적인 부딪힘에 제
약되어 실현될 수 있을지 없을지 알 수 없으므로 '명'에 좌
지우지됨을 의미합니다. 그러나 왜 마땅히 그래야 하는지,
그 배후에는 기본적인 인성의 필연성이 있습니다. 아버지
와 아들 사이에는 부자간의 본성에 부합하는 인仁이 있고,
군주와 신하 사이에는 군신 관계의 본질에 부합하는 의義

가 있고, 주인과 손님 사이에는 서로를 모두 편안하게 하는 예禮가 있고, 현명한 이는 지혜를 발휘하여 사회를 이롭게 할 수 있고, 성인은 천도를 실천하여 가장 이상적인 결과를 가져올 수 있습니다. 이러한 원칙상의 필연은 외부에서 온 부딪힘에 영향을 받거나 바뀌지 않습니다. 그래서 도리어 그 제한 상황을 특별히 강조하지 않습니다. "본성이 있어 군자는 그것을 명이라 하지 않는 것이지요".

이를 대조해 보면 맹자의 생각을 이해할 수 있습니다. 오관의 즐김은 외부 자극과 현실의 조건에 제약을 받습니다. 이렇게 구하지만 꼭 구해서 얻을 수 있을지 모르는 일은 '명'의 성분이 '본성'보다 더 높기 때문에 우리는 여기에 시간과 힘을 낭비할 필요가 없고, 또 낭비해서도 안 됩니다. 인, 의, 예, 지는 비록 우리가 반드시 실현할 수 있다고 확신하지는 못하지만, 내재적으로 외부 조건에 통제되지 않는 기본 요소가 있습니다. 이것이 바로 자연스러운 도리로, 자연스러운 힘이 인간을 인, 의, 예, 지를 실현하는 바른 방향으로 끌어당깁니다. 그러므로 외부 조건에 신경 쓸 필요 없이 내재된 '본성'에 따라 노력하면 됩니다.

이제 되돌아가서 첫 구절을 읽어 보면 비교적 쉽게 이해가 됩니다.

그 마음을 다하는 자는 그 본성을 안다. 본성을 알면 하늘을
안다.

盡其心者知其性也. 知其性, 則知天矣.

"마음"은 느낌, 감정입니다. "그 마음을 다한다" 혹은
'마음을 다한다'라는 말은 자신의 느낌과 감정을 보편화하
여 타인 또한 똑같은 느낌과 감정이 있음을 상상하고 인식
한다는 뜻입니다. 이러한 의미에서 보면 이 말은 공자가 말
한 '서'恕, 즉 '자기 마음을 넓혀 나가 남을 헤아리다'推己及人
의 '넓혀 나감'推과 가깝습니다.

한 사람이 '마음을 다할' 수 있다는 것은 자신의 느낌과
감정으로부터 확대해 타인을 이해하고 헤아리며, 서로의
감정에 계속 호응할 수 있음을 의미합니다. 이러한 과정 속
에서 우리는 무엇이 '본성'인지 뚜렷하게 알게 됩니다. 인간
의 본성이란 인간이 공통적으로 가지고 있는 선천적인 조
건입니다. 우리는 우리 자신을 어떻게 이해합니까? 하나의
방식은 '넓혀 나감'을 통해서 나와 다른 사람 사이의 공통된
감정을 찾고, 사람이 사람다울 수 있는 근본을 깨닫는 것으

로, 이것이 바로 '인성'人性이고, 바로 나의 '본성'입니다.

『맹자』「진심 상」에는 또 다른 방식이 있습니다.

맹자가 말하였다. "만물이 모두 내게 갖추어져 있다. 자신을 되돌아보아 성실히 한다면 기쁨이 이보다 큰 것은 없다. 힘써서 서恕를 행하면, 인仁을 구하는 데 이보다 더 가까운 것은 없다."

孟子曰 "萬物皆備於我矣. 反身而誠, 樂莫大焉. 强恕而行, 求仁莫近焉."

"자신을 되돌아보아 성실히 한다." 즉 자기 자신을 속이지 않고, 제일 진실한 자신의 감정을 발견하는 것은 더할 나위 없이 즐거운 일입니다. 그렇다면 어떻게 "자신을 되돌아보아 성실히 해야" 할까요? 마찬가지로 『맹자』「진심 상」에 이러한 설명이 나옵니다.

맹자가 말하였다. "하지 않아야 할 것을 하지 않으며, 바라지 말아야 할 것을 바라지 않는다. 이와 같을 뿐이다."

孟子曰 "無爲其所不爲, 無欲其所不欲, 如此而已矣."

하고 싶어 하지 않으며 또 해야 하는 일이 아니라고 직관적으로 생각되는 일을 하지 않습니다. 직관적으로 원하지 않고, 마땅히 해서는 안 되는 일을 추구하지 않습니다. 자기 자신의 내부에 잠재된 옳고 그름, 선과 악, 좋고 나쁨의 판단을 믿고, 다른 여러 요인으로 인해 바뀌기 전에 내가 그 일에 대해 가장 처음에 내린 그 판단을 회복하는 것이 "자신을 되돌아보아 성실히 함"입니다. 맹자의 말대로 "이와 같을 뿐"입니다. 간단하기 그지없지요.

"만물이 모두 나에게 갖추어져 있다"라는 말은 모든 사물과 상황의 원칙과 도리를 정확하게 이해하고 판단할 수 있는 능력은 애초부터 나에게 이미 주어져 있으니 밖에서 찾을 필요가 없다는 뜻입니다. 외부로부터 오는 이끌림이나 유혹은 사람을 본심에서 멀어지게 합니다. 따라서 사람의 가장 큰 즐거움은 본심으로 돌아가는 것입니다. 이는 또한 우리가 보통 말하는 '도리에 어긋나지 않아 마음이 편함'心安理得이기도 합니다. 즉 나의 행동과 나의 내부에서 직관적으로 일어나는 당위 판단이 하나로 일치하여, 머뭇거림이나 꺼림칙함, 불안이 없는 상태는 당연히 즐겁겠지요.

만약 이 방법에서 한 발 더 나아가 보자면, "힘써서 서恕를 행하는 것"입니다. 타인의 감정을 이해하고 깨달을 수 있도록 자각을 가지고 노력하여 타인과의 공감대를 마련합니다. 그렇게 하면 내가 하고자 하는 말과 행동은 자연스럽게 남에게 피해를 입히지 않게 되고, 또 남에게 상처나 고통을 주지 않게 되지요. 이렇게 말하고 행동한다면 반드시 '도리에 어긋나지 않아 마음이 편안하게' 됩니다. 이는 가장 쉽게 '인을 추구하는' 길이기도 하지요.

'마음을 다함'을 통해서 '본성'을 이해했다면, 이와 동시에 '하늘'도 이해할 수 있습니다. 어떤 것은 우리가 원래부터 가지고 있는 것이고, 또 어떤 것은 나중에 들어온 외부의 자극과 영향입니다. 원래 있었던 것과 외부에서 들어와 원래 있었던 것과 섞이고 원래 있었던 것을 가려 버린 것을 명확하게 분별하면, 우리는 이렇게 말할 수 있습니다.

그 마음을 보존하고 그 본성을 길러 이로써 하늘을 섬기는 것이다. 일찍 죽음과 오래 삶은 둘이 아니니 몸을 닦은 후에 기다리고 그로써 명을 세운다.

存其心, 養其性, 所以事天也. 殀壽不貳, 修身以俟之, 所以立命也.

　내부의 진실한 감정과 성정을 잘 지키고 기르는 것이
'하늘'에 호응하고 답하는 가장 좋은 방법입니다. 내가 앞으
로 얼마나 오래 살 수 있는가는 생각할 필요도, 염두에 둘
필요도 없습니다. 장수하건 단명하건 이 둘은 우리에게 주
어진 생명과 인생을 어떻게 볼지, 어떻게 살아갈지 결정하
는 데 아무런 영향도 끼치지 않기 때문입니다. 그저 "그 마
음을 보존하고 그 본성을 기르는" 방식으로 계속 수양하는
것이 '명'을 대하는 가장 올바르고 발전적인 태도입니다. 그
러니까 "구해서 얻음에 무익한" 일을 굳이 걱정하지 않고,
"구해서 얻음에 유익한" 일을 장악하는 데에 집중하여 자
신의 생명을 충실하게 하면, 우연한 부딪힘이 그 무엇을 가
져오든 잘 대응할 수 있다는 것이지요.

　무엇이 구해도 되는 일이고 무엇이 구해서는 안 되는
일인지, 똑똑히 생각하고 똑똑히 분별해야 합니다. 무엇
이 내 것이고, 진실한 것이고, 내재된 것인지, 무엇이 내 것
이 아니고, 외부로부터 섞여 뒤죽박죽된 것인지 역시 똑똑
히 생각하고 똑똑히 분별해야 합니다. 맹자는 우리 개개인
이 내재적으로 시비와 선악, 좋음과 나쁨에 판단을 구비하

고 있다는 믿음에서 출발하여 인생을 살아가는 원칙을 세우고, 임기응변의 정치 철학을 발전시켰습니다. 한 걸음 한 걸음 추론하여 그 사고를 엮어 나가는 맹자의 엄밀하고도 명확한 논리는 진정으로 위대한 사상의 성취입니다.

역자 후기 · 철학적 독법으로 읽는 맹자

양자오 선생은 서문에서 고전을 읽는 세 가지 기준을 제시했습니다. 첫째, 가장 기원에 가까운 판본을 보라. 둘째, 현대의 언어로 읽어라. 셋째, 본인이 읽고 이해할 수 있는 고전을 선택하라.

선생이 세 번째 기준에 대하여 "부득이한 사적인 기준"이라고 말했을 때, 그 "사적"이란 본인의 지능 수준에 따라 난이도가 다소 낮은 고전을 택하란 뜻이 아니고 본인이 그 고전에 대하여 느끼는 흥미를 가리킵니다. 아주 거칠게 말하자면, 고전이라고 해서 전부 다 섭렵할 필요는 없으니 당신의 관심이 끌리는 걸 읽으세요, 라는 의미겠지요.

제가 논어와 맹자를 비롯한 양자오 선생의 중국고전강

의를 높이 사는 이유는, 앞서 말한 그 "흥미"와 "관심"을 끌어올리기 위해 선생이 어떠한 자극적인 표현도 쓰지 않는다는 것입니다. 맹자가 죽어야 한다든지, 당신들이 알고 있던 역사는 다 틀렸다라든지, 인문학은 다 죽었다든지 하는 엄포는 찾아볼 수 없습니다. 단지 차분하게, 그러나 명확한 어조로 "역사적 독법"을 강조합니다. 서문에 이미 나와 있듯이, 고전을 원래의 태어난 역사 배경으로 돌려놓고 그 시대의 특수성을 존중하는 시선으로 읽는 역사적 독법을 거친다면, 자연스레 "문학적 독법"으로 나아갈 수 있습니다. 그 인물의 내면을 느껴 봐라, 감정이입을 해 봐라 등과 같은 구태의연한 읽기 방식이 아닌, 나와 완전히 다른 시대에 살았던 사람의 처지를 체험해 봄으로써 양자오 선생이 기대했던 그 반응마냥 "이 사람의 주장에도 일리가 있네", "아 이렇게 생각할 수도 있겠군" 하고 느끼는 것, 이게 바로 저자가 말하는 문학적 독법을 통한 감상입니다.

저자가 제시한 역사적 독법과 문학적 독법을 통해, 실로 오랜만에 학술적 관점에서 벗어나 다시 마주한 맹자의 처지를 체험한 저의 느낌은 "참으로 애쓴다" 하는 안쓰러움이었습니다. 이 점에서 저는 저자가 맹자를 성공적으로 변호해 내었다고 생각합니다. 이상주의자이면서 그 이상을 실현시킬 수 있는 쥐꼬리만 한 권력도 가지지 못한 사람, 그런 권력도 없으면서 이상을 실현시키기 위한 쉬운 길('옛날 성왕들이 무조건 최고'라는 전통주의나 '성왕들 따위는 개나 줘, 부국강병이 최고'라는 현실주의)은 거부하고 "어쩔 수 없이" 논변을 하는 사람, "어쩔 수 없이" 논변하는 사람치고는 이게 옳은 거야 하며 바락바락 끝까지 당시의 시대 흐름에 저항했던 사람, 이게 바로 맹자입니다. 이러한 맹자의 처지를 부각시킴으로써, 양자오 선생은 맹자에게 (혹은 유가에게) 늘 붙어 있던 전통주의자, 교조주의자라는 꼬리표를 떼어 줍니다.

저자의 맹자 읽기는 여기서 끝나지 않습니다. 직접 제시하지는 않았지만, 이렇게 역사적 독법과 문학적 독법을 거치면, 그 종점은 으레 철학적 독법으로 귀결되게 마련입니다. 주류의 흐름에 굴복하지 않고 굳이 자기 스스로를 피곤하게 만드는 맹자를 보다 보면 왜 꼭 저래야 하나 싶지요. 그렇습니다, 맹자는 왜 꼭 그래야만 했을까요? 그건 바로 그의 "신념" 때문입니다. 맹자의 신념은 유가의 신념이기도 하지요. 그렇다면 이 "신념"의 내용은 무엇일까요? 이러한 물음에 대한 대답이 궁금해지는 그 순간, 이미 우리는 철학적 독법으로 맹자를 보기 시작한 겁니다.

맹자나 유가가 기본적으로 지향하는 신념은 다른 것이 없습니다. 오직 하나, 인간의 본성은 선하다는 것입니다. 인간의 본성은 선하다는 신념을 설명하기 위하여, 양자오 선생 또한 맹자와 이지의 논변에서 책을 마치지 않고 굳이 「진심」 장의 해석을 더하여 "기본적인 인성의 필연성"을 설명합니다. 인간의 본성은 선하기 때문에 이것에 기초하여 내재적으로 선악과 시비를 분별할 수 있고, 함께 더불어 잘 살 수 있는 사회를 이룰 수 있다는 것이지요.

너무나 단순해 보여서, 허무맹랑하게 느껴지는 이 신념의 내용 덕분에, 그 당시나 지금이나 여전히 유가의 성선설은 현실성 없는 이상적 구호로만 생각됩니다. 오죽하면 2

천여 년 전부터 '안 될 걸 알면서도 하는 사람'是知其不可而為
之者이라는 조롱을 받았으면서도, 공자와 맹자는 이것이 가
능하다고 주장합니다. 죽어도 포기하지 못한 맹자의 신념
에 대해 여러분은 어떻게 생각하시는지요? 양자오 선생이
열어 준 철학적 독법의 길을 이제 여러분과 제가 걸어야 할
차례입니다.

2016년 6월 타이베이에서

맹자를 읽다 :
언어의 투사 맹자를 공부하는 법

2016년 6월 24일 초판 1쇄 발행

지은이	**옮긴이**
양자오	김결

펴낸이	**펴낸곳**	**등록**
조성웅	도서출판 유유	제406-2010-000032호(2010년 4월 2일)

주소
경기도 파주시 책향기로 337, 308-403 (우편번호 10884)

전화	**팩스**	**홈페이지**	**전자우편**
070·8701·4800	0303·3444·4645	uupress.co.kr	uupress@gmail.com

페이스북	**트위터**
www.facebook.com/uupress	www.twitter.com/uu_press

편집	**영업**	**디자인**
이경민	이은정	이기준

제작	**인쇄**	**제책**
제이오	(주)재원프린팅	(주)정문바인텍

ISBN 979-11-85152-49-3 04140
　　　 979-11-85152-02-8 (세트)

이 도서의 국립중앙도서관 출판시도서목록(CIP)은 서지정보유통지원시스템
홈페이지(seoji.nl.go.kr)와 국가자료공동목록시스템(www.nl.go.kr/kolisnet)에서
이용하실 수 있습니다.(CIP제어번호: CIP2016014461)

유유 출간 도서

고전

동양고전강의 시리즈

삼국지를 읽다
중국 사학계의 거목 여사면의 문학고전 고쳐 읽기
여사면 지음, 정병윤 옮김

중국 근대사학계의 거목이 대중을
위해 쓴 역사교양서. 이 책은 조조에
대한 새로운 관점을 처음 드러낸
다시 읽기의 고전으로, 자기 자신의
눈으로 문학과 역사를 보아야
한다고 역설하는 노학자의 진중함이
글 곳곳에 깊이 새겨져 있다.

사기를 읽다
중국과 사마천을 공부하는 법
김영수 지음

28년째 『사기』와 그 저자 사마천을
연구해 온 『사기』 전문가의 『사기』
입문서. 강의를 모은 책이라 쉽고
재미있게 읽을 수 있다. 지금까지
중국을 130여 차례 답사하며 역사의
현장을 일일이 확인하고, 그 경험을
바탕으로 연구한 전문가의 강의답게
현장감 넘치는 일화와 생생한 지식이
가득하다. 『사기』에 관심이 있는
독자라면 남녀노소 누구나 어렵지
않게 읽을 수 있는 교양서.

논어를 읽다
공자와 그의 말을 공부하는 법
양자오 지음, 김택규 옮김

『논어』를 역사의 맥락에 놓고 텍스트
자체에 집중해, 최고의 스승 공자와
그의 언행을 새롭게 조명한 책.
타이완의 인문학자 양자오는 『논어』
읽기를 통해 『논어』라는 텍스트의
의미, 공자라는 위대한 인물이
춘추 시대에 구현한 역사 의미와
모순을 살펴보고, 공자라는 인물을
간결하고도 분명한 어조로 조형해
낸다. 주나라의 봉건제로 돌아가기를
꿈꾸면서도 신분제에 어긋나는
가르침을 펼친 인물, 자식보다
제자들을 더 아껴 예를 어겨 가며
사랑을 베풀었던 인물, 무엇보다
사람이 사람다워야 함을 역설했던
큰 인물의 형상이 오롯하게 드러난다.

노자를 읽다
전쟁의 시대에서 끌어낸 생존의 지혜
양자오 지음, 정병윤 옮김

신비에 싸여 다가가기 어렵다고
여겨지는 고전 『노자』를 문자 그대로
읽고 사색함으로써 좀 더 본질에
다가가고자 시도한 책. 양자오는
『노자』를 둘러싼 베일을 거둬 내고
본문의 단어와 문장 자체에 집중한다.
그렇게 하여 『노자』가 나온 시기를
새롭게 점검하고, 거기서 끌어낸
결론을 바탕으로 『노자』가 고대
중국의 주류가 아닌 비주류 문화인
개인주의적 은자 문화에서 나온
책이라고 주장한다. 더불어 『노자』의
간결한 문장은 전쟁을 종결하고
백성을 편하게 하고자 군주에게 직접
던지는 말이며, 이 또한 난무하는
제자백가의 주장 속에서 살아남기
위한 전략이라고 말한다.

장자를 읽다
쓸모없음의 쓸모를 생각하는 법
양자오 지음, 문현선 옮김

장자는 송나라 사람으로 알려져 있다.
송나라는 주나라에서 상나라를
멸망시킨 뒤 후예들을 주나라와
가까운 곳에 모아 놓고 살도록 만든
나라다. 상나라의 문화는 주나라와
확연히 달랐고, 중원 한가운데에서,
이미 멸망한 나라의 후예가 유지하는
문화는 주류 문화의 비웃음과 멸시를
받았다. 그러나 춘추전국 시대로
접어들면서 주나라의 주류 문화는
뿌리부터 흔들렸다. 그런 주류 문화의
가치를 조롱하는 책이며 우리에게도
다른 관점으로 지금을 되돌아볼 수
있는 기회를 준다.
책의 앞머리에서 고대 중국의 주류
문화와 비주류 문화의 간극을
설명하고, 장자의 역사 배경과 사상
배경을 훑고 『장자』의 판본이 어떻게
달라졌는지 살펴본 다음, 『장자』의
「소요유」와 「제물론」을 분석한다.
저자는 허세를 부리는 듯한 우화와
정신없이 쏟아지는 궤변, 신랄한
어조를 뚫고 독자에게 『장자』의
핵심에 접근하는 방법을 알려 준다.
중국의 문화 전통에서 한쪽에 밀려나
잊혔던 하나의 커다란 맥을 이해하고
새롭게 중국 철학과 중국 남방 문화를
일별하는 기회를 얻는 동시에 다시금
'기울어 가는 시대'를 고민하는
기회를 갖게 될 것이다.